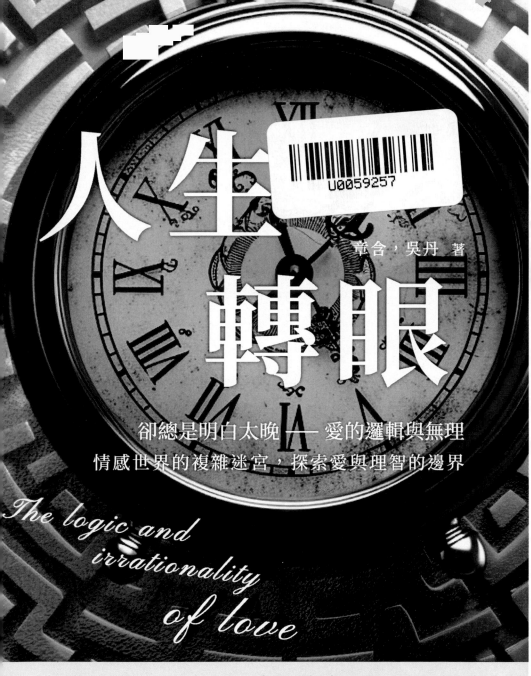

人生

章含，吳丹 著

轉眼

卻總是明白太晚 —— 愛的邏輯與無理
情感世界的複雜迷宮，探索愛與理智的邊界

The logic and
irrationality
of love

每一個微笑都是一種溫柔，每一次告別都是一種成熟
-->
在愛與被愛中找尋真我，解讀情感的深層邏輯；
挑戰與成長並存，啟迪心靈的勵志之作！

目錄

前言

關於生命與時間，我曾經看到過這樣一句話：「這個世界上只有兩件事是公平的，一件是每個人每天都只有二十四個小時，另一件是每個人都要面對死亡。」在看到這句話之前，我一直固執地以為，生活不過是風趣地開著悲傷的玩笑，只要麻木些，冷漠些，就可以不受它的控制。後來，我想錯了，不是別人動搖了你的世界，而是自己先倒下了。

時間是個卑鄙的情人，當你不在意時，他討好似地來到你身邊，為你帶來快樂，帶來成長的喜悅；當你喜歡上了他，他變魔術般為你染紅春天的生機大地，裝飾冬天的銀裝世界；當你愛上他時，他卻什麼也不說，無情地離你而去。只留下滿臉滄桑的你，當風兒在耳邊呼嘯而過，悲傷地說著「來不及講再見」。

生命是個溫柔的家人，在你誕生的那一刻起，就陪在你的身邊，陪你笑陪你哭；在你青春期時，忍受你的抗拒，為你付出一切所擁有；在你成熟以後，就會變得脆弱，變得不堪一擊，直到離你而去。如此殘忍的瞬間，經歷上一次就夠受了。

無論我們生活得好與不好，開心不開心，貧窮與富有，在上帝那裡，我們借來了同樣的時光，誰都沒有特權多得一些。

生命與時間都是沉重的話題，人們善於談論它，卻從來不敢下結論。所謂的不公平其實是自己給自己上的枷鎖，被套在

生活的牢籠中，無法脫身。寫下這本書，只為給自己一個人生的方向，在未來的途中，若亦能與諸君共勉，甚是欣慰！

　　本書分為八個章節，涵蓋了死亡、快樂、情感、欲望、寬容、夢想、希望、珍惜、緣分、執念等諸多方面。從這些經常被我們重視又被我們忽視的各個層面裡，讓我們共同來研究人生的真諦。

　　我知道，就算我苦思冥想上半輩子，都不能將人生寫盡，更不能找到一條無痕的人生道路。這便是命運的偉大之處，變幻莫測，不失神祕。我若能看到命運的末梢，對於我自己來說，已經是莫大的榮幸了。

　　逝者不可追，來者猶未卜。人生如此短暫，值得我們奉上所有的智慧，來參透它的意義之存在。

第一章：
讓我們心碎前相擁

　　我時常在想，上帝賜予我這副身軀是為了什麼。在一場敏感而無法平靜的戰爭中，無數的情感、爭奪、憤怒、歡愉、聲音、美景都曾停留在最美麗的片刻。就像最初為愛付出的人們，總是希望獻出自己最美好的東西。可不知從何時起，我飄洋過海而來，迷失在遼闊的荒原，變得像個流浪兒。

　　心中承載了太多破舊不堪的往事，還有一些煩擾情緒的東西。每每提到「不可一世的作為」，我就會想起那些意氣勃發的輕狂歲月。那樣的人生看起來總是幼稚和輕浮，有時會感到彷徨，有時會感到無助，被指責，被鄙夷，卻往往開心了自己。

　　由於習慣了起伏不定、陰晴圓缺的青春，才以為那是永遠不會離開的撼天力量。所以，才會忽視了那些已經匆匆流逝的日月。直到很久之後才明白，那匆匆飛逝的不是時光，而是曾經的我們。

　　惶恐間，我遇見人生，假使未來的路上真如世人所說「路途坎坷」，那麼，就讓我和人生在心碎前相擁。

獻給我日夜想念的你

　　有個瘋子，許多人都認為他瘋掉了，就連他自己有一陣子也曾懷疑過他的精神是否正常。不知道他是不是心中充滿了憤怒、委屈或是無奈，總之，他總有很多話要寫。他整日整夜地在寫信，寫信給天下每一個人。這讓他著迷。

　　他寫給雜誌，知名人士，親朋好友，最後連去世的人也不例外。他先是寫給和自己有關係的無名之輩，抱怨或者感謝他們的所作所為，末了還寫給那些已經作了古的大名鼎鼎的人物。

　　他是美國著名小說家索爾·貝婁長篇小說《赫索格》中的主角。故事的最後，他放棄了熱愛的寫信，從此隻字不寫。我想，他是孤獨的，他一定是對世界，對所有他覺得能聽懂他傾訴的人都失望了。

　　有個瘋子，只有他懷疑自己精神失常，因為他總是在寫信，在心中，在紙上，在手機上。或許，滿腔全是訴說，只是誰又能靜下心來聽聽？這個瘋子就是我，也是每一位「終朝只恨聚無多」的朋友們。

　　我曾認為在這個世界上，只有親情是永恆的，那是在我孩童時代，全世界都是父母高大的身影和溫柔的微笑。

　　我曾認為在這個世界上，只有友情是永恆的，那是在我青少年時代，腦海中全是朋友仗義的付出和幼稚的欺騙。

　　我曾認為在這個世界上，只有愛情是永恆的，那是在我成年的

第一章：
讓我們心碎前相擁

時代，心裡滿載的那些愛啊，是令我久久不能忘卻的回憶和傷痛。

然而，當我們回到各自的世界，那些相遇就好像夢一樣。兜兜轉轉，我以為自己不會被空虛和世俗的罪惡所羈絆，能夠從中脫離出來而不必忍受許許多多的痛苦。可是，讓我日夜思念的你啊，總是讓我甘心承受桎梏般的束縛，如此不被麻木吞噬掉。

你是我熟悉又陌生的情人，你的名字叫「人生」。你對我那樣重要，才使我從來不敢忘記，我也是怕把你忘記之後再也找不到自己，也是怕把你忘記之後再也回不到過去。

你知道嗎？ 人們總是怨恨未能享受到卻令人心醉神迷的時刻，總是遺憾被阻礙的成功和幸福，總是偽裝依舊存在的暴虐、折磨還有執著，總是承諾不能遵守的約定，卻唯獨不說自己是由於懶惰、由於恐懼、由於麻木，而我也是一樣。

現在，我想和你相遇，再真摯地向你致歉，為了那些被我辜負過的年少歲月。可是，你會來和我相見嗎？ 還是說，要一直站在我的身後注視我？

「假如我今生無緣遇到你，就讓我永遠感到恨不相逢，讓我念念不忘，讓我在醒時夢中都懷帶著這悲哀的苦痛。」

窗櫺上，那搖擺的樹枝是你嗎？ 雪地裡，那深淺的腳印是你嗎？ 我也並不是非得恨不相逢，因為我知道，你映不進我的眼眶，卻一直在我的身邊。我會假裝你一直陪著我，假裝你我擁有同一個過往，共同走過寒冬迎接春夏。我會假裝你是個隱形般的戀人，然後祝福你一生幸福！

讓我們心碎前相擁

時隔那麼久，我都在想，如果當時我拋下所謂的正義和規矩，去幫助了她們，是不是心裡會平衡一些。

那時，我在一家超市實習，擔任理貨員，負責日常用品區。一天下午，超市裡來了一老一少。剛開始，我並沒有注意，畢竟每天超市裡都是人來人往的。

差不多半個小時過去了，他們還在糖果區逛來逛去。他們引起了我的注意，我才發現，老人穿著一件暗紅色的棉襖，戴著一雙磨損的袖套，神情很不自然。她身邊有個小女孩，臉蛋被凍得通紅，皮膚粗糙，眼睛也小得出奇，甚至有些睜不開的樣子。總之，兩位給人一種不受待見的樣子。

對於當時心高氣傲的我來說，心裡立刻對他們興起了反感之心。原本，我打算轉過頭去打理貨物，卻發現小女孩好像在搜索著什麼。她圍著那堆糖果轉來轉去，那位老人緊跟著小女孩。我還以為老人是為了看護小女孩，結果我忽然發現，老人拿起一塊糖，迅速藏進了自己的袖套。

我環視四周，周圍的人竟然都沒有注意！這算怎麼回事啊？小孩子喜歡吃糖可以買啊，為什麼大人帶著孩子來偷東西？我發現老人的袖套裡有點鼓，要不是特意注意，誰也不會想到裡面藏著東西。

當時我就在想，這可是我表現的機會。於是我走到他們跟

011

前說：「妳們在幹什麼？竟然在這裡偷東西！」那一老一少顯然沒有想到他們被發現，一時間手足無措。老人緊張地對我說：「小妹妹，妳行行好，我們也是實在沒辦法，小孩子想吃糖……」

「想吃糖可以買啊，為什麼來這裡偷？妳知不知道這樣教導孩子是不正確的，萬一她長大成小偷了，或者參與違法犯罪呢？不為妳自己想，也得為小孩子想想吧！」雖然我並不喜歡那個孩子，但我依然擺出一副關心的樣子。

「妳有所不知，哎，我也是沒辦法啊！」老人一看，沒驚動其他人，表情從緊張變成了哀愁：「孩子患有眼疾，父母都在外地工作，每個月賺的錢都還債了，孩子的病一時半刻也好不了，生活費更是不知道去哪裡找啊！前陣子，孩子他爸因為疲勞過度，也病倒了。今天是孩子的生日，家裡已經什麼都沒有了。今天早上問我有什麼禮物嗎，我說當然有啦。她很驚奇地看著我，我就對她說，能帶她上超市裡逛逛。之前她還從沒進過這麼大的超市呢！非要在這兒多逛一下！」

老人講得很動情，連我也有點心酸，可我作為一名超市理貨員，理應為超市的利益負責，於是我問道：「您說的這種情況，我也很難過。但是您既然帶她來逛了，為什麼還要偷東西呢？請您把袖套裡的東西拿出來！」

我盡可能地用禮貌的語言，為的是突顯我和他們的素養和水準不同。老人很難為情地把一塊奶糖、兩塊水果糖、一塊

酥糖拿了出來,然後非常不情願地把一塊德芙巧克力也拿了出來。小女孩吃驚地看著一切,看樣子並不知道她奶奶偷了這麼多糖。

怎麼能放任他們呢?如果這樣,以後超市還不都是小偷了?不管是老人,小孩,或者是身心障礙者,偷東西就是不對,這總不能有特權吧?

「我只是一時興起,本來只想著帶她來逛逛,沒想到沒人注意,我才偷的。」

「奶奶,妳怎麼……我們走了那麼遠的路,就是為了偷生日禮物給我?」小女孩轉身問道。

「孩子,今年奶奶可能什麼也送不了妳了。」老人撫摸著小女孩的頭。

我也想幫助她們,可是現在這種情況,我當然要向著超市了。我叫來經理,對他們進行了一定的懲罰和指責。正當我得意之時,忽然瞥見小女孩的眼睛,原來不光是小,眼神也不對勁。看得出來,小女孩很憂傷,老人也很無奈。在我們眼中,她們是兩個占便宜的無知平民,是無論怎麼可憐都像在假裝的卑微小人。

只是,小女孩走的時候說了一句話,讓我的心就像被劍刺穿一樣。她對老人說:「我以後不會再吵著要糖吃了,這樣妳就不會再被罵了。」

我望著她們離開的背影,突然想買一袋糖果送給她們,只

是虛榮心作祟，我沒有追出去。我有些恨自己，為什麼要在人家最困難的時候故意把姿態擺得優雅？只是因為我們出生在相對優越一點的家庭，只是因為我們自以為多念了幾年書。可是，當我說出一聲聲責怪時，卻絲毫沒有考慮到小女孩心中的感受，更沒有注意老人眼神中的黯淡。

也許，遵紀守法、聲張正義是正確的，但人生固有諸多不如意，有時候，我們會被生活折磨得心靈破碎，彼此能做的只是心碎前相擁。一老一少是堅強的，他們沒被苦難打倒，我又有什麼資格去嘲笑他們呢？

如果，時間倒退，我願意用我最謙卑的語言，規勸老人放下糖果，並且主動買下一袋糖果送給她們，而不是落井下石。因為如果不是她們，我也不知道自己竟然過得如此幸福，可以任意地心高氣傲。

從生下來那一刻起，便注定了你我有別。可是，唯有愛，是今生前世，眾人共有的東西。愛，讓我們彼此相連，所以即便人生諸多痛苦，也還是願意笑著走完。所以，我們在苦難來臨之前，一定要懷著愛去生活，讓彼此在心碎前相擁啊。

講述著聽不懂的真理

偶然間，我經過母校門口，剛好遇到學生放學。成群結隊的學生穿著校服，迎著正午的驕陽，映著他們的笑容，似乎全世界的煩惱都與他們無關。

人總是喜歡懷舊，我也一樣。忽然就想起了，離開學校的那個夏季。我們忍著淚水相互告別，發現老師也變得溫和了許多，不再是苦口婆心地勸告我們珍惜時間，而是祝福我們以後好好努力。

誰都知道，學生和老師是「天敵」，只是，時光荏苒，那些心驚肉跳的「貓捉老鼠」的日子也變得那麼幸福。

過去，我們總是責怪老師出了寫不完的作業，責怪老師上課又提問了根本不會回答的問題，責怪老師下課還無意識的拖堂。我們總是故意坐在最後一排，總是故意不寫作業以示反抗，總是不到下課就逃出去。可那些我們再也回不去的日子，誰也沒去珍惜。

記得有一次，月考過後，老師在班會上又老生常談了起來：「同學們，這次我們班的成績不錯，超過隔壁班了啊。下次考試你們一定得加把勁，爭取進入全校前三名！……」

講桌下一陣騷動，除了剛開始老師宣布的重要事項，其他的話語一概拒絕入耳。同桌開始拿出小鏡子悄悄放在英語書裡，欣賞起她那不算美麗但充滿青春氣息的臉。後桌正和他同

桌小聲嘟囔著：「他怎麼還不走？整天在教室念經！」誰料，他同桌根本沒聽老師在講什麼，而是戴著耳機聽著音樂，見有人和他說話，也沒來得及拿掉耳機，便問了一句：「你說什麼？」

由於他戴著耳機聽音樂的聲音很大，所以說話聲音竟然超過了班導！全班同學瞬間安靜了下來，全部驚恐地看看班導又看看他。他似乎也知道自己犯錯誤了，趕緊拿下了耳機。但班導還是發現了，要求他上交了 MP3，罰他寫一份悔過書。

班導顯然有些著急了，對我們說道：「要我說多少遍你們才肯聽？眼看著這一年又要過去了，你們捫心自問，誰在這一年裡，好好珍惜了這校園的時光？誰珍惜了該學習的課堂？你們知不知道，有多少人羨慕你們？這樣的豆蔻年華，錯過了就不會再過來了！就算有錢、有名、有利，就算你們兄弟義氣重，姐妹情誼深，那又怎麼樣，時光不等人！」臺下的我們只知道老師又發怒了，以後還是小心為妙，誰知道他說的句句是真理呀！

轉眼間，我們都已經長大成人，有些人找到了不錯的工作，有些人墜入了愛河，有些人勞碌奔波，有些人為考研究所。我們都想再回到那個屬於青春的課堂，卻懂得了那其實是奢望。老師和學生其實是最好的搭檔，卻因為我們的年少輕狂而荒廢了最美好的時光。

這麼多年，我從未回母校看望過老師，但我知道，他們一定正在課堂上，忍受著粉筆末摧殘，忍受著學生們的起鬨，忍

受著時光再次流逝，無怨無悔地講課。

只是，直到現在我才明白，學校教書育人，並不僅僅是課本上的知識和答題技巧，而是每一代學生所擁有的老師苦口婆心的教導。只是我們從未真正發覺，老師其實是盼望我們都好的。

現在回想起那句「你們也不想想，有多少人羨慕你們啊？」的時候，我總是會尷尬地苦笑，從被人羨慕到羨慕他人，經過了多少不知不覺的歲月。偶爾，我還會想起老師們那些經典語錄「整棟樓就你們班最亂！」「別以為我看不見你啊！」「今天誰是值日生啊？」每每想到這些，我都在想，如今沒有人再告訴我時光不待人，沒有人再告訴我該珍惜眼前事，我是不是該一直記著過去一直聽，卻總是聽不懂的真理，好好珍惜地走下去呢？

那些說來悲傷的話語

日子過久了，有些事情如期而至，我們卻學會了閃躲。曾經勇敢衝動的我們竟然最先學會的不是珍惜，而是退縮，美其名曰：成熟。

不知從何時開始，我便不敢再跟父母頂撞，不敢再跟朋友吵架，不敢再跟領導爭論。久而久之，我被「外圓內方」的理論征服，開始做一個溫順的人。這樣做的好處就是，贏得了所有人的認同和尊重，好評如潮。只是，猛然間回頭，卻早已不見了自己。

有些話，不敢再提；有些事，不敢再想；有些情感，不敢再碰。當我們心中迸發出一股熱情，想去付諸實踐時，總有另一個聲音在說：「你已經錯過了年少如花的年紀，這件事已經沒有意義了。」懷著一顆遺憾的心，放棄了許多看起來毫無價值的事情，又獲得了無數好評。

可是，那些跟隨我們而來的美好時光，又怎麼會一直等待我們回頭再尋找它呢？它原本帶來了許多歡樂的事情，卻因為被我們看作沒有「價值」而拒絕。我看不到它失望的表情，但我知道自己的內心，是一次又一次的失望。

那些說來悲傷的話語，那些說來悲傷的故事，不是悲劇的結果，而是我們無法再去嘗試。有些話，我們開始試著不說，開始試著忘記，比如對某某某說的「我愛你」，對某某某說的

「對不起」。書中寫道:「當年相知未回首,空嘆年華似水流」。我不敢直視,唯恐那些說來悲傷的話語會被提起。

幸運的是,越來越多的人開始變得勇敢,影響著更多的人。朋友前天給我講了這樣一個故事:

國外有位花甲之年的老頭,突然對摩托飆車產生了濃厚的興趣。周圍的鄰居對他極其不理解,一個患有心臟病、糖尿病的老人家怎麼會想要玩這麼危險的飆車?

自從老頭決定練習摩托飆車之後,他家周圍就沒安靜過,早上天剛亮就能聽見他圍著社區騎摩托車的聲音。鄰居覺得非常不可思議,這樣做不光干擾其他人休息,而且萬一出現點突發事件,誰也擔當不起。唯獨有一個七歲的小男孩,每天都陪他一起玩。

小男孩好奇老人能嘗試自己想做的事情,就問他:「你為什麼不在年輕的時候嘗試摩托飆車,那樣的話你現在就可以享受生活啦,也不至於為了這個理想折騰快要散的身體呀!」

老頭笑著問道:「哦,貝克,你可能不知道,我在年輕的時候,虛度了許多光陰。」

「虛度光陰?怎麼可能?我們每個人都擁有足夠的時間呀。」小男孩不解地問道。

「像你這麼大的時候,我也是這麼想的,可當我為了更好的生活放棄了勇敢,才發現年輕的時光已經離我遠去。貝克,幸運的是我現在終於理解,什麼叫做不負此生了。那就是勇敢。」

第一章：
讓我們心碎前相擁

「就像我敢爬上那棵梧桐樹一樣勇敢？」貝克指著街邊的梧桐樹說道。

「對，就是那麼勇敢。」

「可是媽媽說，那樣做是危險的，從那以後我再也不爬了。」

「那可真遺憾，你再也不能從梧桐樹上看風景了。當然，你也可以選擇冒著危險爬上去看風景。」

故事講到這裡，讓我想起一句話：「無法預測的命運之途上，總有些青春要辜負，而那些被辜負過的夢想，只要努力，都一定會來得及再次背上人生的行囊。」

所以，我終於懂得了「人生太短，就算在危險，也要勇敢一次」的道理。小孩子也一定會重拾起勇敢的自己。而我們，是否能不畏懼傷害，勇敢一次？讓那些不因結局而悲傷的故事，變成精彩的不悔？

真正飛逝的是我們

我們總說，歲月如梭，容易飛逝，卻不知道真正飛逝的是我們。唐朝有位博陵人，名叫崔護。關於他的故事，流傳已久。

崔護資質聰慧，性格孤潔寡合，這一年，他應舉進士及第。清明時節，他孤身來到都城南郊外，偶遇一戶莊園，院內花木叢生，寂若無人。崔護上前敲了敲門，一位女子從門縫中向外觀瞧，便問道：「誰呀？」崔護報上名字，說明緣由：「我孤身出來春遊，來到此地忽覺口渴，能不能求一些水喝？」

女子請他進去坐，自己則獨倚小桃樹靜立，對崔護懷有深情。她頗具姿色，神態嫵媚，可是崔護用話逗她，她卻默默不語。兩人注視許久之後，崔護悵然而歸，決定不再去見她。

又是一年清明日，空氣中開始流動起各種有關清明時分的情節，於是，崔護又想起了她。思念無法抑制，所以直奔都城南。一如既往的門庭莊園，卻不見她。大門已經上鎖，好像一切都和他無關。也許，所有我們珍惜卻忽略的事物都不會永遠等待幡然醒悟一般。

「去年今日此門中，人面桃花相映紅。人面不知何處去，桃花依舊笑春風。」

那女子美豔，惹得崔護目注久之。她「獨倚小桃斜柯佇立，而意屬殊厚，妖姿媚態，綽有餘妍。」

清明日，崔護只是獨遊都城南，誰料在此偶遇。一杯清

水，醉了人兒。清明日，崔護只是單純尋找桃面人，誰料在此絕緣。滿園桃花依舊，春風卻像在哭訴。懂得的人都知道，那般花木扶疏的門戶仍在，面如桃花的女子卻已離去。儘管故事的最後，女子從死中復活，但我知道，生命不可能逆轉。

惬意地躺在床上，又開始對著月光任意暢想。無盡的歲月訴不盡萬世滄桑，唯有明月照古今。崔護的桃花美人，陸游的沈園遺憾，梁山伯與祝英臺的生死相隨，都逃不過這輪明亮的眼睛。

數百年前的今日，或許就在我生活的這片土地上，靜立一名男子，玉樹臨風、瀟灑俊俏，若有所思地觀望月亮。耳邊卻傳來一陣無比清脆的簫聲，側目望去，柳樹上端坐著一位身材曼妙，粉衣長髮，美絕人寰的妙齡少女。映著月光，女子冷冷笑意，看似難以接近，男子卻抵擋不住對她的痴迷，這是月亮惹的禍。

只是，那些愛得深沉，愛得疼痛的故事，早已隨著我們而飛逝，再也尋不見。盡情去浪漫的人們，早已化作塵土，轉世也好，升仙也好，都不復存在。

於是我在想，如果我能在轉瞬飛逝的一生中，拚命抓住那個我愛上的人，該多好！即便他並非我的緣分，即便他與我萍水相逢，我一定會珍惜他。假如真是月亮惹的禍，就請它按下快門，記錄那一刻的喜愛，因為懂得了無數幻滅的生命，才明白，那一刻有多難得。

混濁難熬的日子

我希望端著一杯不溫不熱的香茶待在午後享受沐浴陽光，洗去一生中所有汙濁與迷戀。那些自認為混濁難熬的日子，終將會離我們遠去，就像從未鋪天蓋地而來。

生命來之不易，更加難以維持。奇怪的是那些曾經讓我們哭泣的事情，總有一天會笑著說出來。

突然之間想起這麼一個故事：王鑫和李妮是一對貧窮夫妻。在這個看似平凡的世界裡，他們有著不一樣的歲月。王鑫在當地一家建築工地找了一份搬運工的工作。李妮則在處理好家務之餘，到附近找點兼職貼補家用。要說起來，李妮和王鑫也算是患難夫妻，唯一的孩子放在老家讓老母親照顧。

這一年的冬天格外地冷，傍晚，小倆口正在家裡吃晚飯。李妮望著窗外張城家的煙囪，眼淚不聽話地湧出了眼眶。為了省下電費，他們從來沒住過暖和的房間。李妮正端著碗，嚮往張城家的溫暖時，突然響起了敲門聲。

李妮趕緊放下碗筷，擦了擦眼淚，打開門一看，門外站著一個凍僵了的老頭，手裡還提著一籃雞蛋。那雙凍得通紅的大手禮貌性地把帽檐往上抬了抬，露出了一雙有些渾濁的眼睛。看得出來，這位老人已經很疲憊了。

「您需要買點雞蛋嗎？」老人的目光掃到了李妮身穿的又舊又單薄的棉襖上面，神情黯淡了不少。

　　李妮沒想到老人會這樣問，一時間語塞，王鑫或許是聽到了他們的談話，快速地走了出來，對老人熱情地說：「當然要啊，我們正需要些雞蛋呢！快請進！」

　　老人渾濁的眼睛瞬間閃過一絲明亮，激動得不知道該走還是該留。最終，在王鑫的邀請下，老人才邁進王鑫貧窮的家。

　　老人說：「我也是不得已，孫子的爸媽在外地工作，老伴去年離開了，家裡只剩下我一個人了。這麼冷的天，想買件厚衣裳給孫子，但是錢不夠。」老人邊說邊用力地搓著手，看得出來，他很拘謹。

　　李妮看王鑫的表情，馬上明白了丈夫的意思。可是，自己也捨不得買件厚衣服，哪有錢再幫助別人？再看看丈夫，已經拿出了一疊鈔票！這些雞蛋也就值幾十元呀！李妮心裡這樣想，但轉念一想，自己的孩子在家裡比老人的孫子也強不到哪裡去，幫助別人也是為自己積福。

　　丈夫送走老人，抱住了李妮，他看得出來老婆有些心疼。他溫柔地說：「在這個世界上，只有窮人才能理解窮人的痛苦，也只有窮人能夠全心全意地去幫助窮人。假如今天是我站在別人家門口，妳也一定希望那家人是善良的。我雖然窮，但只要我們心存善念，老天會眷顧我們的！」

　　李妮專注地看著丈夫，想想當年正是因為丈夫的善良才愛上他的，她笑著說道：「日子雖苦，我們一樣過得很幸福，這就是善良換來的恩賜吧！」她輕輕關上了門。

有一天終會發現，無論我們怎麼去努力，生活始終混濁難熬。天災、人禍，每天都在發生，或許人們會抱怨，卻不能避免。

只是，我們總覺得幸福美好的日子在往後的日子，卻忽略了身處其中的歡愉。原來，混濁難熬的不是日子，而是那顆混濁難熬的心靈。

總有一天，我們不再擁有生命，化作一撮塵土，聆聽著大自然美妙的呼喚。才發現，縱使劫難不走，那些流著淚走過的日子也依舊幸福。空氣中傳來溪水潺潺聲、秋蟬鳴叫聲、冬風呼嘯聲都是一聲聲感嘆。

而當我們回想起混濁難熬的日子，突然發現原來一輩子累積下最昂貴的財富竟是一生苦難的故事。當我們從這副身軀中離開時，能帶走的一定是這些東西。當生命遇到再也沒有痛苦的「萬劫不復」之時，便是生命的終點。

她說自己獨一無二

江南城小鎮上，有一處酒吧夜夜爆滿，聽說很多城鎮裡的居民也喜歡到那裡去聽她唱歌。而關於她的故事，也在城鎮裡，甚至更遠的地方傳開了。

十四歲時，她第一次在電視上看到歌手唱歌，那種光環一直誘惑著她。從此，她有了自己的夢想 —— 當一名職業歌手。

為了實現這個夢想，她每天一大早就跑到小河邊練唱，卻總是聽見路過的人小聲嘲笑：「她也太不自量力了吧？五音不全還要唱歌，以後這水都被汙染了！再說，也不看看自己幾斤幾兩，長得那麼醜，還滿嘴暴牙，想當歌手真是痴人說夢！」

開始時，她聽到這樣的諷刺，馬上摀著臉跑了回家，一頓痛哭。照照鏡子，果然長得很難看。難道要為這種不可改變的事實而放棄自己的夢想嗎？她無數次問自己。有段時間，甚至真的不再去河邊唱歌，也不敢在別人面前唱歌了。漸漸地，人們把她忘在了腦後。

日子一天天過著，河水也緩緩地流淌著，樹葉從乾枯變成了繁茂。一天早上，陽光正好，路過的居民發現她又在練歌！原來嘲笑她的路人也開始有點震驚，因為她的歌聲變得越來越有味道，是區別於其他人的那種旋律。

有些路人甚至停下來專心地聽她唱完一首歌再走，再也沒有人嘲笑她的長相，也沒人再提她能否當歌手。因為在大家的

心中，她的歌聲已經證明了她的實力。

五年的時間說快也快，一轉眼就過去了，她長成一位身材苗條的妙齡女子，只是那嘴暴牙依然存在。但是，人們忘記了她的醜陋，忘記了她的夢想，忘記了她無數個白天黑夜的歌唱，唯獨記得她那不允許模仿的聲音。

這一年，城鎮裡來了一位商人，在這裡開了一家名叫「天籟」的酒吧。商人在門口貼出告示：招聘一名歌手。她終於等到了這個機會，在一個午後，她推開了酒吧的門。

「你應該知道，我們這裡需要一名相貌俊美，歌聲動聽的歌手，可是你……」面試人員看到眼前這位姑娘，表情有些尷尬，根本不用她說話，就已經暗示她不合格了。臺下的客人端著酒杯，嘲笑著這位不自量力的姑娘，起鬨的人越來越多，恨不得看著她從臺上滾下來。

「先生，請你讓我唱一首歌吧！聽完之後，你再決定我是去是留。」她等這個機會已經很久了，根本不理會臺下對她不屑一顧的客人和面試人員。

面試人員在她苦苦地哀求下，終於答應了。這是她第一次站在舞臺上給這麼多人唱歌，但她如今已經若無旁人。一聲輕哼從她的體內發出，震撼了在場所有的人，不管是剛才嘲笑她的人，還是從未注意她的人都被拉進了音樂天堂。一曲終結，便贏得了全場的熱烈掌聲。然而，面試人員把她叫到一旁，對她說：「妳確實很有天賦，歌聲真的非常美，但是妳……」面試

人員指了指她的暴牙，並沒有直接說出「所以經過我們的慎重考慮，請妳另謀高就吧！」

「為什麼？就因為我的暴牙嗎？可我覺得它並未阻止我的成長和唱歌呀。剛才客人們的掌聲不正說明了一切？」她有些著急了。

有幾個細心的客人發現了她，走過來邀請她再唱一曲，得知面試人員不打算聘用她很是氣憤。最後，在數位客人的極力要求下，她終於圓了自己的夢想。

這已經是她在酒吧的第二年了，每天來聽她唱歌的人很多，有人心血來潮地問過她，為什麼她能夠不因外貌的缺陷而自卑，反而朝著自己的目標進步了。她回答得很簡單：「因為我是獨一無二的，無論是長得美，或是長得醜。這是上天賜予的，但是上天不能阻止我實現價值的步伐。」

許多人都是自卑的，連我也一樣。因為怕被別人嘲笑，放棄了許多熱愛的事情。但其實，那些我們無法改變的事實，無論你怎麼掩飾都依然存在，無論你再怎麼自卑也不能得到任何的憐憫。

而不管是生來的缺陷或者醜陋，都只是暫時的。如果我們堅信自己都是獨一無二的人，那麼別人也會越過你的表面缺陷，看到你內心的美麗世界。

生活無堅不摧

上高中的時候，我喜歡買各種雜誌填補我空虛的時光。由於處事尚淺，多喜歡看一些詭異的故事，而非品味人生的哲理故事。《膽小鬼》、《男生女生‧金版》、《驚悚一族》等期刊是我當時的最愛，但還有一本雜誌是我每月必買 ——《萌芽》。

《萌芽》中有許多經典語錄被我抄在精緻的本子裡，至今已忘卻不少，唯有一句話，一直存在心底 ——「你的心堅不可摧，而生活無堅不摧」。

多麼經典的一句話啊，我們無數堅強的情感、無數狂妄的倔強、無數迸發的鮮血，以為生活會因此而退縮，卻不想生活不是盾也不是矛，但無堅不摧。

許多時候，我都在想，什麼才是化解這份力量的解藥。但是時至今日，我才明白什麼是讓生活無堅不摧的力量。

有一次，我外出辦事，途經某社區的時候看到這樣一幕：

一位年紀不小的老爺爺在社區裡收破爛，一聲聲沙啞的呼喊響徹整個院子。他推著滿載破爛的三輪車十分困難，冬天的風刮在他的臉上，在轉彎處，三輪車上的塑膠瓶子掉了一地。我急忙蹲下身幫助他撿塑膠瓶，還有一些被風吹跑了。

他正焦急地撿這邊的塑膠瓶，眼睛卻盯著剛剛刮跑的瓶子，雖然一個瓶子都賣不了一毛錢，但收集這些瓶子並不容易。事情發生的時候，三輪車旁有兩個小孩在玩遊戲，看到塑

膠瓶被刮跑，他們急忙追出很遠，把塑膠瓶全部撿回來了。這讓老爺爺感動不已，也許我們認為自己做了一件舉手之勞的事情，但是對於他來說，是一份溫暖。

在無堅不摧的生活當中，每個人都有一份幫助別人的力量。無論你是發現了，還是沒發現，這份力量都本能地顯現出來。而這份力量就是抗拒無堅不摧的解藥 —— 善良。

保持一顆善良的內心，你會發現即使生活如此簡單，心靈卻不那麼痛苦。我們不會在受到他們誹謗或者惡意中傷的時候，感到不愉快，也不會在別人追逐名利的時候，嫉惡如仇。

如果，不是別人善意的幫助，我們根本無法生活在這個世界上。假如，你覺得那個死去的人不是你，你便不去在意，等你死去的時候，周圍的人也會無動於衷。

所以，我始終覺得即使「你的心堅不可摧，而生活無堅不摧」也還是可以頑固地抵抗摧殘。那不是很簡單的事情嗎？

荒廢的歲月

當我們揮手告別，就會明白，生命即使再延長，也有逝去的日子。我們總是期盼時光可以倒流，卻沒有誰真正穿越時空回到當初那個趴在課桌上發呆的時刻。即便有人總是感嘆：真想一覺醒來，自己還在小學課堂上。就算那些令人心驚膽戰、悲歡離合的事情僅僅是個冗長的夢，我們也不會再回到那個時候。

有那麼一個非常著名的故事，關於乞丐和小女孩：

在一個寒風呼嘯的深夜，飢寒交迫的乞丐病倒在一家有錢人的門口。當他從地獄被拉回來時，看到的是一張「天使」的臉龐。他疑惑地想：我的一生碌碌無為，何德何能來到天堂？但是當他緩過神來才發現，自己正身處一個富麗堂皇的屋子，照顧自己的是一個小女孩，不是什麼天使。

小女孩見他醒過來，便端來可口的飯菜，並關心地問他：「你怎麼樣了？而且，你怎麼落得如此落魄。」乞丐環視了四周，一臉悔恨地說：「我曾經也和妳一樣富有啊！」小女孩奇怪地問道：「那你又怎麼會落到如此下場？」

乞丐說：「我和妳一樣富有的時候，從沒想到自己會如此落魄。那個時候，我住著金碧輝煌的房子，吃各地的山珍海味，過著無憂無慮的生活。父母去世以後，給我留下不少財產，我當時就想，這些錢都夠我花好幾輩子了，根本不需要出去

賺錢。從那以後，我便招呼了很多朋友，整天吃喝玩樂，說來也奇怪，自從我宣布沒錢之後，一個朋友都沒來找過我。沒過多久，我就把家產揮霍得差不多了，我決定學著別人去找份工作，畢竟要為了以後考慮。然而，我萬萬沒想到，在社會上立足是一件那麼難的事情。我先是找了一份快遞的工作，又找了一份在飯店的工作，可是又累又髒，我無法忍受，就辭職了。」

小女孩又問道：「你辭職了？那你打算做什麼？」

乞丐又說：「辭職之後，我就學著別人創業，心想還有點積蓄，拿出來做個生意。豈料，由於我學術不精，被別人騙得精光。才發現，我除了吃喝玩樂，其他的事情都不會做，連與人交際都差很遠，學問少，處事經驗也少，又好吃懶做，所以只好到處乞討，但是這麼多年過去了，我終於發現自己錯了。」

小女孩若有所思地點了點頭，表示遺憾。她感嘆道：「如果生命可以重來就好了。」

「如果生命可以重來，我一定在有能力學習的時候，努力學習各方面的知識，以免以後上當受騙。我還要利用業餘的時間發展小規模的事業，就算不成功，也還是有足夠的資金重新來過。我一定要把所有的財產保留好，以便需要的時候應急。我要學一技之長，靠著自己的雙手養活自己。在有生之年，娶一位善良的妻子，然後把餘下的錢捐給需要幫助的人。」乞丐悔恨地說道。

「可惜你回不到原來了。」小女孩聳了聳肩說。

「我也知道這是我的幻想。那些被我荒廢過的歲月又怎麼肯原諒我犯下這麼大的錯誤。」乞丐追悔莫及。

那些被我們荒廢的歲月又何嘗不想原諒我們呢？只不過它奉命而來，奉命而去，縱使有太多不捨，它還是走了。我們只好追悔莫及，期待奇蹟。其實，我們每個人都擁有無數財富，父母留給我們健康的身體和智慧的頭腦就是最大的恩惠。如果乞丐能重新選擇，我相信他肯定會選擇健康的身體和智慧的頭腦而不是足夠生活的財富。

很多人都忘記了，歲月曾強大的撼動過命運，所以那些富足的人們也千萬別自得，因為未來的路還很長，倘若不努力進步，很快就會被命運打倒。

這本就不是天堂

很多時候，我都會因為疲憊不堪的生活而埋怨生活的艱苦。我總是希望有一天能夠盡情享樂而不是每天都面對著重負荷的工作怨天怨地。像我一樣，有很多很多的人們渴望不勞而獲，渴望守株待兔。希望有一天，上帝把我們接到天堂，為了讓我們吃好喝好，準備了人間不曾有過的美味和溫馨的屋子。

安逸對我們來說，是極大的恩惠，但是安逸的生活並不是不工作，不奉獻，不努力。有時候，我們放假了，才發現還不如上班或者上學的時候舒服，最起碼那個時候有事情可做。最起碼，我們不用整天渾渾噩噩地度過，一點激情都沒有。

某工地上，圍著一群人。原來，那個整天抱怨工作辛苦、生活枯燥的小張不慎從高樓摔下，當場死亡了。工友們又是心有餘悸，又討論著小張生前的種種事蹟。

小張的家在臺東，這幾年為了家庭生活，常年在外奔波。他總是對工友說：「哎，這輩子算是完了，真想過幾天無憂無慮，有吃有喝的日子。我們怎麼就沒出生在富人家裡呢？」

說來也奇怪，他去世之後，靈魂來到了一座宮殿。宮殿富麗堂皇，正是他生前夢寐以求的住處，這時，宮殿的主人拿來一盤食物，裡面應有盡有，想吃什麼就有什麼。

「我在人間受到了很多苦，甚至最後還被摔死。我只有一個請求，就是想在這裡住下，辛苦了大半輩子，我想在這裡有吃

有喝地過無憂無慮的生活，請您一定要答應我。」小張突然跪在地上，向宮殿的主人乞求。

宮殿的主人笑著說：「我這裡本來就是你所嚮往的地方，沒有工作，有吃有喝，想睡就睡。你在這裡再合適不過了。我這裡還有舒服的沙發，美味的食物，你也不必擔心會有人來打擾你。你就在這裡住下吧」

小張馬上愉快地答應了，開始的時候，小張除了吃就是睡，過得自在極了。心想，如果這是人間，相信誰都不會再抱怨了。但是，漸漸地，他發現，這樣的日子太沒趣味了，於是找到宮殿的主人說：「我現在過得非常好，除了吃就是睡，更沒人來打擾我。可是我很無聊，失去了活著的動力，大腦也開始不活動了。您能不能想個辦法，讓我做點什麼事情？」

「我這裡從來就沒有工作和勞苦，也沒有地方需要你動腦筋呀。對不起，我不能夠幫助你。」宮殿主人給出了否定的答案，讓小張有些失望，但他還是接受了這一現實。

沒過多久，小張就再也忍不住了。他跑到宮殿主人那裡說道：「我實在受不了了，這樣的日子簡直不是享樂，而是痛苦的折磨啊！如果你不給我找份工作，還不如讓我下地獄呢！」

「哈哈哈，這裡本來就不是天堂，而是地獄啊。難道你把它想成了天堂？」宮殿的主人露出了一副詭異的模樣，讓小張不敢再說話了。

人就是奇怪的動物，總是不甘心自己擁有的東西，總是嚮

第一章：
讓我們心碎前相擁

往別人擁有的東西。但其實誰都不能做到完美，也不能全部擁有。如果你只想著安逸，那麼就算在天堂也像在地獄。如果，你能擺平自己的內心，不以物喜，不以己悲。那麼就算在地獄也像在天堂。

填不滿的無底洞

欲望就像魔鬼，吞噬著我們的靈魂。沒有人因為錢多而煩惱，沒有人因為貌美而傷心。我們心中的欲望就像一個無底洞，根本無法得到滿足。

人們一個勁兒地賺錢，究竟什麼時候才能把錢賺夠呢？永遠不會！人們一味地整型，究竟什麼才是最美呢？永遠沒有！但是人們就是願意去付出一切換取那些無謂的東西。

一個人邪惡是不可怕的，因為邪惡只存留在表面。最可怕的是欲望，因為欲望是滲到骨子裡的。

有一隻老鼠，好幾天沒吃東西，有些飢腸轆轆。眼看著就要被餓死了，一腳沒站穩，竟然從梁柱上掉到了地上。這下可把老鼠摔得不輕，本來就毫無力氣的身體，竟然讓老鼠放棄了生的希望。

老鼠回憶起自己的一生，覺得其實也沒啥遺憾，畢竟老鼠就是靠偷吃而生存的嘛。如今，沒有了吃的食物，死去也無怨無悔。就在牠打算睡一覺，然後順便魂遊西天的時候，竟然聞到了一股香甜的味道。老鼠的肚子在咕嚕咕嚕的叫喚，於是牠循著香甜的氣味，緩慢地爬到了蜜罐前。

這個蜜罐是滿的，裡面有很多香甜可口的蜜，旁邊還有一些乾糧。這可是天底下最大的好事了。費了好大勁，老鼠終於爬進了那個蜜罐，牠一邊慶幸自己不必死去，一邊狼吞虎嚥地

吃著蜜。吃飽之後，牠打了個哈欠，有點睏了，倒在蜜罐裡舒
舒服服地睡了個美覺。

　　第二天，早上從蜜罐中醒過來的老鼠幸福極了。這簡直堪
比神仙嘛，當牠打算爬出蜜罐的時候，轉念一想：為什麼不直
接待在這裡面呢？又不愁吃也不愁喝，還能睡覺，於是牠在蜜
罐裡待了下來。而且，從沒有人類來搗亂。牠每天就這麼喝了
吃，吃了睡。

　　過了一段時間，眼看著蜜罐裡的蜜都吃得差不多了，老鼠
終於再一次有了離開蜜罐的念頭。因為蜜罐外的乾糧又開始誘
惑牠了。透過透明的蜜罐，老鼠已經看見那些乾糧在向牠招手
了，老鼠饞得直流口水。牠急忙爬到出口，卻發現無論自己怎
麼用力，都爬不出去了。原來，自己的身體早已經被養胖了，
爬不出那個蜜罐的瓶口了。

　　老鼠就那麼眼睜睜地看著乾糧，卻吃不到。牠開始後悔，
如果不是自己的貪婪，自己說不定現在早就吃飽喝足，還能四
處遊走了。有一段時間，牠還希望能有個人類把牠抓住，最起
碼能有個逃跑的機會。

　　這一次，是牠第二次面臨死亡。牠又開始回憶自己的一
生，突然覺得遺憾，為什麼要那麼貪婪。明明上帝已經給了牠
第二次生存的機會，卻被自己的貪婪束縛在這個罐子裡。

　　其實我們每一個人都是這樣，總是希望有享受不盡的榮華
富貴，總是希望得到些什麼，最終都會招致不幸。並非命運如

此安排，而是自己給自己上了枷鎖。

　　貪婪是一個填不滿的無底洞，千萬不要試圖填滿了它，那樣的話，只有把自己犧牲。到那個時候，我們就無法自拔了。

大富大貴之相

身邊的朋友總是對自己的長相不滿，不是覺得鼻子長得不夠筆直，就是眼睛長得不夠黑亮，總之，沒有誰對自己的長相足夠滿意。可是，再好看的長相也禁不住別人評判，除非你是一副天生的「大富大貴之相」。

所謂「大富大貴之相」會被無數人羨慕，因為這樣的人，不僅長相好，命運也是極好的，不是當官的命，就是富商的命。老百姓對此，深信不疑。

記得上小學的時候，我們班上有一個調皮的男孩，長得又胖又黑，喜歡打架，喜歡找麻煩。班上的女生都不喜歡他，可是男生都願意和他一起玩。

有一次，班導讓小組合作完成某項任務，剛好把我和他分到了一組。他和其他男生侃侃而談，我就在一旁聽著。他說，家裡人給他算過命，算命先生說這個孩子管好了，以後一定是個大人物，要麼就什麼都不是。

在兒童時代，我的腦海中對算命先生說的話還是深信不疑的。突然之間，就覺得他是那麼神聖的一位人物，而恰恰是這麼一句話，讓我平時都高看他一眼。

然後有一天，我跟母親說：「媽媽，我們班有一個同學特別狂，以後肯定不一般。」母親笑著問我：「誰呀，我認不認識呀？」

我便一本正經地對母親說：「媽媽，就是那個楊帆，那天我聽見他說，算命先生給他算命說他將來要是培養的好就是個大人物，否則就什麼都不是。」

母親先是一愣，然後就笑了。我在一旁著急地看著母親，心想：這有什麼好笑的？人家都那麼好命了，而我什麼也不是。母親對我說：「孩子，算命先生說的這話跟沒說一個樣嘛！你想想看，哪個孩子不是培養好了就成了人才，培養不好就什麼都不是？」

那個時候的我邏輯思維還沒怎麼形成，經過母親這麼一說，我才恍然大悟。原來，算命先生也沒那麼神奇嘛。

現在回憶起這些事情，總是能把自己逗笑。不知道現在那個說自己要嘛飛黃騰達要嘛什麼都不是的同學生活得如何了。我們都喜歡把自己的命運交給別人決定，如果別人說自己行，那麼你就行，別人說自己不行，你就感嘆命運的悲情吧。

其實，這只是我們懦弱的藉口，讓別人做擋箭牌，就算做不好也沒人說什麼。但是大家都忘記了神童方仲永。

金溪縣方仲永一家世代以耕田為業。五歲那年，他還不曾認識書寫工具，但是有一天忽然大哭起來，吵著要書寫工具。他的父親十分驚奇，便向鄰居借來了這些筆墨。方仲永拿起筆當即寫下四句詩句，還提上了自己的名字。

鄰居和父母拿過來一看，這可了不得，此詩不僅寫得合轍押韻，還以贍養父母和族人搞好關係為主旨，寫得恰到好處。

全鄉的秀才聞訊趕來觀賞。有人還當場讓他作詩，而他也都能立即完成，詩篇的文采和哲理都值得人品味。同縣的鄉親們都對此事十分驚奇，也對方仲永的父親彬彬有禮。

沒過多久，一些大戶人家開始花錢請方仲永去題詩，他的父親被眼前的利益迷惑，整天拉著方仲永到處拜訪鄉親，不讓他有足夠的時間學習。

十二三歲的時候，他寫出來的詩篇已經不能和以前創作出的詩篇相媲美了。待他二十歲的時候，他已經和普通人沒什麼兩樣了。

其實，我們每個人都是神童，只是沒有方仲永那麼突顯。我們的失敗並不是先天條件造成的，而是日後的懶惰造成的。

即便你真的擁有大富大貴之相，也休想靠著天意享福一生。人們常說：「大富由天，小富由勤」。如果我們不努力，那麼即便再大的福氣也無法靠近我們。

生活中，一定會有不如意，但也不會永遠不如意。只要肯吃苦，肯努力，即便不是神童，也一樣會成功。

天道酬勤，不管是先天大富大貴，還是命運坎坷，都抵不過勤勞努力的力量。我們的命運從來就不在別人的手中。如果我們非要說自己的命運不由己，那一定是在找藉口逃避現實。如果我們肯照著鏡子，無論長成什麼樣子，都肯認定自己就是大富大貴之相，那麼一定能靠著努力和勤勞獲得超越他人的成績。

第二章：
趁我依然充滿力量

　　我有一個願望：我只求能在某天認認真真地向我的人生道歉。我的人生，它曾一股腦兒地將所有時間送給了我，而我卻因為懶惰或懼怕麻煩而拖延著原本屬於我的幸福與成功。

　　那些不請自來的痛楚總是迷惑著我的雙眼，以至於看不清楚人生為我安排下的心醉神迷。迄今為止，我才發覺，那些所謂的膽怯、懦弱、固執才是最難纏的。

　　於是，我希望趁我依然充滿力量的時候，能抵擋住它們的入侵。我想告訴我的人生：從來不曾認真地向您說聲感謝，更未提過致歉。但看到如此寬宏大量的您，我願意放下所有卑微的情感，向您表達我的愛意。願您永遠自由，永遠幸福。

如果人生重新來過

　　小時候，我聽過很多故事，都是「很久很久以前」開頭。那個時候，我以為所有的故事都是在很久很久以前發生的，卻忽略了自己也在演繹著各式各樣的故事。或許，在很久很久以後，我們的人生也會被拿出來當作故事，被崇拜或者被嘲笑。但是，我的人生，會不會恰好如了自己的心願，我不知道。

　　我聽說過這樣一個故事，也是發生在很久很久以前：

　　古老的城鎮上，有一位德高望重的老人，他的腦子裡充滿了智慧，是當地最博學、最有才華的人物。城鎮上的人都非常尊敬他，聽說他年輕的時候就已經獲得了不小的成功，成為城鎮裡舉足輕重的人了，人們叫他大師。

　　城鎮裡還有一位老人，誰也不知道他整天在想什麼，有時帶上乾糧出走好幾天，有時和妻子兒女種種花草，有時為了研究某樣東西而沉默不語。據說，由於他如此碌碌無為，城鎮裡的大戶人家都不和他交談，據說外號「瘋子」。

　　有一天，城鎮裡來了一個年輕人，聽說了這裡有位德高望重的老者時，馬上整理衣服，上門拜訪。

　　年輕人說：「我剛一來到這裡，就聽說了您的事蹟，我對您是萬分佩服呀。您能不能給我講講，您是如何計劃您的一生的？」

　　「當我因疾病纏身，年齡困擾時，我才發現，什麼計畫都是

虛無的。」大師微笑著對年輕人說：「像你這麼大的時候，我給自己下定了一生的計畫：首先，我要花十年的時間學習各種知識，以備未來所需；然後第二個十年我打算出國旅行，四處觀光，體會人間百態；第三個十年我打算尋找到一位美麗而善良的女孩，成立一個家，生幾個孩子。最後，我還要花十年的時間隱居山林，細細地把我這一生回憶。」

「這樣的生活多好啊，您一定按照您的計畫完成了，對嗎？」

「前十年我按照自己的計畫完成了所有的知識儲備，並且成為了這一帶舉足輕重的人物，人們把我當偶像來崇拜。很多瑣事接踵而來，我開始抽不開身去做自己想做的事情，比如去國外旅行，就那麼一直擱置了。十年很快就過去了，我開始考慮是否應該為自己尋覓一生的伴侶，這時我才發現，心中所想的美麗早已經錯過，姑娘們也已經嫁給他人。直到現在我還是一個人，有時候我也想找個伴，又怕別人對我說三道四。如今，我想找個僻靜的地方隱居，卻發現自己由於年老體衰，不得不在城市中生活。」大師說。

「可是你已經很成功了呀，很多人都非常羨慕你！」年輕人看得出，大師眼中滿是遺憾。

大師停頓了一下，繼續說道：「我是一個失敗者，一生的計畫就在匆匆歲月中破碎了。不要刻意去追求什麼成功，更不要企圖制定什麼一輩子的計畫。因為你不會知道，未來有什麼在

等著你。如果，你能夠想到一件想做的事情，馬上就去做，那麼，你將是這個世界上最幸福，最成功的人。就像城鎮裡那位『瘋子』大師。」

「原來一輩子的計畫便是想做什麼就馬上去做！」年輕人終於領悟了大師的心意。

我相信，如果人生可以重來，大師一定會選擇做「瘋子」。那些無形當中的羈絆是阻礙歡愉的罪魁禍首。遺憾誰都會有，但如果不想等到年老體衰的時候，感嘆「如果人生重新來過」，就放下虛無的名與利、放下所謂的指責和嘲笑，做自己想做的事情，只有這樣，才是無悔這一生。

趁我依然充滿力量

趁我依然充滿力量，能不能答應帶我去參加一次高空彈跳，即便我到時候又是閃躲又是退縮，在自己的人生路上，精神從未如此緊張，也從未得到過釋放。

趁我依然充滿力量，能不能答應跟我去參加一次鮮血，即便我到時候又是勇敢又是怕痛，在自己的人生路上，思想從未如此神聖，也從未體會過犧牲。

趁我依然充滿力量，能不能答應隨我去徒步旅行，即便我到時候又是喊累又是煩惱，仔細看好路旁的風景，身體從未如此疲憊，也從未感受過重生。

趁我依然充滿力量，能不能答應讓我去當一回壞孩子，即便我到時候又是喝酒又是抽菸，年少輕狂時，正義感從未如此強烈，也從未因此而自豪。

趁我依然充滿力量，能不能答應陪我跳一支不協調的舞蹈，即便我到時候又是僵硬又是搞怪，百般掩護的醜態中，真實從未如此鮮明，也從未被迫模糊。

趁我依然充滿力量，能不能答應聽我唱一首不在調上的歌曲，即便我到時候又是破音又是忘詞，茫然無措的時候，情感從未如此發洩，也從未這樣瘋狂。

我有許多願望，可我不敢細細去想，因為總覺得儘管我依然充滿力量，還是不足以滿足蠢蠢欲動的內心。我恐怕不經意

間，再也拿不起還未完成的心願，再也不能思考。

「人有悲歡離合，月有陰晴圓缺」。有一天，那本該屬於我們的時光和愛都會被奪去。也許是一次偶然，也許是一次蓄意，我們對未來的美好願望就成了虛無。很多人都是懷著遺憾，與大家天涯相隔了。

那些並不美好，卻依然想去實現的事情，我們錯過了；那些並不美好，卻依然想去熱愛的人，我們錯過了；那些並不美好，卻依然想去爭取的機會，我們錯過了。難道我們的一生就是錯過嗎？難道只有錯過之後，才能懂得人生難得嗎？

我知道，每一個清晨，都有可能是最後一次面對日出，也知道，每一次傍晚，都有可能是最後一次面對夕陽。也正是有了這樣對人生的危機感，才能在睡覺之前對愛的人說晚安。還好我正為此而努力，在每個清晨，踏上人生的道路，做每一件自己願意做的事情。

我不知道人生苦短，到底有多短，只知道，明天的到來伴隨著今日的消亡。我想趁我還有機會愛生活、愛夢想、愛大家的時候，多做些事情，甚至看起來有些神經。

有人說，生命至此，不要毫無意義的死去。

只要你敢不懦弱

題目源自田馥甄〈你就不要想起我〉其中一句歌詞，也是無意間，偶遇了這首歌。

我喜歡幻想，構造另一個微小的世界，驚起淡淡的波紋。有一個故事，每個人都是親身經歷者，談來簡單，憶來哀愁。

愛情，是個花非花霧非霧的名詞。時至今日，誰都沒有讀懂它，就連倉央嘉措如此般的絕世蓮花都寫下過：「世間安得雙全法，不負如來不負卿」的詩句。

我想起一篇文章，被很多人讚過。那是一篇男孩想念女孩的文章。大概意思是男孩和女孩在同一所大學，男孩家裡很窮，每天都要打工，從來沒想過要談戀愛。女孩家裡很富裕，形形色色的朋友很多，見識也廣。

女孩在男孩的一次熱心幫助時，發覺男孩正是自己心中的王子，於是喜歡上了男孩，從此一發不可收拾。男孩說，他那個時候真是天真，竟然真的以為能和她相守到永遠。

兩個人在大學外面租了廉價的房子，一起努力考研究所，為了賺夠生活費，男孩開始打很多份工。原本嬌生慣養的女孩為了和男孩在一起，竟然學會了洗衣服做飯。

我想，但凡是個男生都會被這樣的好女孩感動吧。女孩和家裡說了現在的情況，她的家長表示想要和男孩見一面。然而，這次見面給了男孩沉重的打擊。男孩說他忘不了她父母看

他的眼神，對他說的話。

男孩第一次有了離開女孩的想法，也許，不是誰不愛誰，而是承受不了來自生活的恐懼。女孩依舊過著幸福的生活，她不知道男孩已經和她走到了十字路口。男孩強忍著心痛，每天陪女孩背單字，讀書。

終於，在男孩的幫助下，女孩考上了理想的研究所。但是等待她的卻是男朋友的離開。男孩說：「窮小子不該有愛情，我配不上妳，是我不夠好，我不忍心讓妳跟我過苦日子。未來等待我的是起碼十多年的辛苦，才能換來全家人的好日子。雖然我愛妳，但我不能給妳好的生活，我們一開始就錯了。對不起。」

或許，這便是人們常說的有緣無分。很多人為了這篇故事流淚，很多人感嘆自己就是男女主角，可是，在我看來，他是那麼不值得同情。

生活確實不容小覷，當我們的愛情變成婚姻，柴米油鹽醬醋茶取代了玫瑰花、電影票，等待我們的也許是苦苦的煎熬和爭吵。可是，當我們還沒走到那一步的時候，又憑什麼認定，生活一定是苦惱？

男孩自私地為女孩安排好了生活，可是他不知道，千萬財富都不如他的一個笑。他憑什麼知道女孩自己做飯就不幸福？憑什麼認為女孩嫁給有錢人、有個好學歷就能有幸福？他自以為很無私地為女孩奉獻了一生的幸福，卻不知道這簡直是毀掉

了兩個人的幸福！

　　我們都善於用自己的思維去考慮別人，可是「安慰捉襟見肘，唯有冷暖自知」，他明明不知道女孩是多麼願意陪他一起。也許，生活中，貪圖金錢的女孩多得是，難以撼動的苦難多得是，但是不要把所有的生活都想成苦難，把所有的女孩都想成貪名圖利。

　　有時候，正是我們的誤解，才造成了情深緣淺。如果，當時男孩不懼怕生活和未來，如果男孩願意徵求女孩的意見，如果，你敢不懦弱，命運就會讓步。

　　如果，想放棄愛情的人們，敢不懦弱，又憑什麼要錯過？什麼情深緣淺，就只是自己的錯覺。

人生何其短

小時候經常聽大人們說「一輩子」這個詞，很不理解，便問母親：「媽媽，什麼是一輩子？」

「一輩子就是人的一生。」

「一生是多長時間？」

「一生就是從你出生開始到死去。」

「那我什麼時候會死去？」

「很久很久以後吧，好幾十年呢！」

「一輩子有好幾十年嗎？」

我就這麼反反覆覆地詢問著母親，然後又詢問父親，我不知道是他們回答得不清楚，還是我理解得不到位。

記得很小的時候，學校裡經常舉行戶外活動，大家圍成一圈，作比賽，玩得高興了，小朋友們就相互認識了，不管是第一次見面還是剛說上幾句話的朋友，大家都會覺得對方就是自己一輩子的朋友。到了中學，大家有了各自的群體，曾經說要好一輩子的朋友散的散，忘的忘，有了新的朋友，大家又開始揚言說要一輩子在一起。

後來，談戀愛的朋友漸漸遠去，一輩子在一起的朋友便成了謊言。原以為，情人該是一輩子了吧？誰知，時間還未老，餘溫尚在，他就已經不知去了何方。還以為一輩子離不開他，卻發現，一輩子短得讓人驚嘆，沒過多久，又恢復了往常的模樣。

第二章：
趁我依然充滿力量

一輩子，是那麼抽象的詞語，人們不了解它，卻一直拿它發誓。也許，它越是抽象，越是神聖吧。

從朋友那裡聽來一個這樣的事情：一個品學兼優的男生，在考大學前夕突然宣布退學了。這個決定讓很多人都很吃驚，這不是有點「暴殄天物」的意思嗎？頂著那麼一個聰明的腦袋，不好好上學，以後還能有什麼出路？

可是他的聰明腦袋有自己的打算，他愛上了一個長相俊秀的美女，想要娶她，然後在家裡開個小店，日子也可以過得很幸福。幸運的是，他的一切打算都實現了，美女嫁給了他，還懷了他的孩子。

得到自己要當爸爸的消息，正在外面進貨的男生激動不已，結果，回去的路上出車禍，命絕於此。家裡人悲痛萬分，美女妻子泣不成聲。他規劃的美好生活還未開始，就結束了。一輩子就這麼短，二十幾歲的大好年紀，說結束就結束了。他的父親當時就病倒了，說自己一輩子都不能從噩夢中醒來了。美女妻子說自己會為了他守一輩子。

幾年過去了，美女妻子已經成了別人的妻子，再也不說為他一輩子，就連當時肚子裡的孩子也在家人的勸說下打掉了。老父親這些年明顯得變老了，但這絲毫不影響他下田工作，一輩子的噩夢做過，還是要生活啊。

人生苦短，不只是生命有限，就連我們信誓旦旦的承諾都有簡短的「一輩子」。當每個「一輩子」都失去生命，我們才發現，那一次次被認為永恆的東西，早已經去世。慶幸的是我們比任何一段諾言的生命強悍，可以看透一輩子究竟是長是短。

人和年和月都太類似

2011 年 11 月 27 日，某個選秀節目上出現了一位夢想偉大、內心單純的偏鄉老師，他的名字叫劉寅。他對評審說，自己要唱歌給孩子們聽。

其實他上節目的目的很單純，只是希望有更多的人來買他的音樂，因為這樣就能為孩子們買更多的肉吃了。簡單幸福是他的夢想，永遠單純是他的個人宣言。他懷著一個特別的夢想，唱起了那首原創歌曲〈希望樹〉。

「給我一段燭火溫暖這寒冷，給我一點勇敢穿過這黑暗，給我一絲堅強走完這條路，給我一點夢想賺脫這現實。一片落葉滑落，會驚擾了整個夏天，一片雪花落下，預示冬的寒冷，太陽每天從東邊升起，照耀大地無限的曙光。」充滿滄桑感的聲音，震撼心靈的表情都讓觀眾深受感動。

其實我並非慈善機構宣傳人員，也並非劉寅的宣傳人員。我是真的深受感動，每次聽到他唱起這首歌，總是有一種穿過黑暗，找到陽光的力量。

記得有首歌裡唱：「人和年和月都太類似，每個人都只活一次。」我們時常提起，這一生一世的生命，一定要活得有價值。過去，我以為，有價值就是不枉費自己的每一個願望，不辜負父母和伴侶。可是，當我看到劉寅，才發現，這個世界上，有一種價值叫做不求回報。既是善良也是責任。

我認為他是幸福的，儘管辛苦和貧窮，可他真的很用心。他知道自己的道路在哪裡，知道自己的價值該用在什麼地方。而不像許多雖然不缺錢，但卻缺快樂的人，總覺得自己的生命迷茫，總覺得自己是不是來錯地方了。

每個人都無法決定生與死、窮與富，但我們可以決定如何去生活。人和年和月都太類似，一年過去了，就不會再出現同一個年分，每一個月過去了，都是獨一無二的月分，我們也是一樣，一旦離開了，就再也不會擁有這人生了。但是太陽每天從東邊升起，照耀著大地，希望還在繼續。

也許，如今的劉寅又恢復了往日的生活，但是他這片落葉滑落，驚擾了許多好心人和逐夢的人。當然，他的夢想意志也感染了我。在有限的生命裡，不是誰都有機會去做善事的，更不是誰都有機會去堅持自己的夢想，但是人和年和月都太類似，可否自私一次，為了自己的夢想，沸騰一次？

請允許我戰鬥

當我們為生命而奮鬥時，就要像一頭野獸，張開血盆大口，目光犀利，就算頭破血流也應努力向前。

每次提起曼德拉的名字，就會不由自主地想起「自由」這個詞。把視線移到幾十年前，我們會感嘆，原來現在的生活是那麼的美好。

封建制度下的殘暴把人們折磨得體無完膚，要不是有這些為了生命而戰鬥的人存在，一定不會有我們。

如果我們生活在男尊女卑的封建時代，女性朋友們就錯失了良好的學習機會，未出嫁時，「大門不出，二門不邁」，出嫁之後，整天圍著公公婆婆轉，沒有自己說話的份。最過分的是，部分地區的女性連名字都沒有，只是等到嫁給他人，取丈夫的姓氏而已。女性朋友們不僅會被要求賢良淑德、孝敬父母、伺候丈夫，還會被要求纏足，還得接受丈夫娶個三妻四妾。

如果我們生活在過去的南非，不僅沒有人權，還要忍受他人的嘲笑和侮辱。當我們還未長大成人，就會被統治者拉去做奴隸，嘗盡飢餓和痛苦。當我們年老體弱時，也絕對別想得到一絲特權，在統治者眼中，我們只是弱小的「動物」。

可是，人的意志是強大的。世界的美好便是和諧。如果存在統治者和被統治者，那麼世界將永遠處於黑暗之中。於是，有人站出來，吶喊、呼喚，人權在哪裡！

　　儘管站出來反抗的人，曾經滿身傷痕、曾經血流成河，但是我們終於可以享受自由和平等了，不是嗎？

　　南非第一任總統曼德拉，在領導了反對白人種族隔離政策的運動中被捕入獄，經歷了長達 27 年的折磨和痛苦，終於成就了其光輝歲月。

　　其實，我們的生活中也充滿了各式各樣的抗爭，只是很多時候，為了所謂的「大局」考慮，我們被迫壓抑了內心的掙扎。

　　很多人都主張「忍一時，風平浪靜，退一步，海闊天空」，可我們是大自然中的一員，是各類動物中的一種，我們身上存在獸性，是必須戰鬥的動物。我們不該做一隻被馴化的獅子，而應該做野獸之王。

　　當我們的權益受到侵犯，當我們的人權受到威脅，當我們的自尊受到侮辱，不應該以忍耐作為化解事情的結局，而是做回萬獸之王，把惡勢力驅走，讓大自然平靜。

千萬次告訴自己

如果你也來到我身邊，就會看到我正在為了成長而迷惑。儘管我早已過了身體成長的年紀，但心靈上的成長依然困擾著我。

人們都說，「活到老，學到老」，也就是說，即使身體上的成長停止了，但是心靈上的成長才剛剛開始。可是，看看現在的自己，說自己依舊在成長真有點難以啟齒。

小時候，總是為了得到別人的認可而努力，因為明知道自己是弱小的，明知道自己是個孩子，所以才有了努力成長的願望。但是成年後的人們又有幾個想得到自己在人生中是弱小的，依然是個孩子？

我剛剛有記憶的時候，最喜歡被人稱讚。假如有人說我唱歌好聽，我就樂此不疲地唱歌，直到他們叫我停止；假如有人說我長得好看，我就變換不同的衣服，在他面前晃來晃去。不是因為我愛顯擺，而是天性中存在向上的力量。

如今，假如有人說我唱歌好聽，我會樂此不疲地推脫，甚至自毀形象地說五音不全；假如有人說我長得好看，我立刻擺出一副尷尬的樣子，退縮到角落。不是我越來越低調，而是不夠勇敢，不敢再被別人審視，好像一層薄薄的紙，一眼就看透。

有人說，我們是努力的，為了生活而變得成熟，事業上，家庭上，名利雙收，怎麼叫作沒成長？可成熟是成熟，成長是成長，究竟是不是一回事？

在這個社會中，成熟的表現幾乎就應了白岩松說的那句話：「把欲望當理想，把世故當成熟，把麻木當深沉，把怯懦當穩健，把油滑當智慧。」可這是真正的成熟嗎？

成長是需要勇敢的，是讓我們變成一道厚厚的牆壁，不會被擊穿，更不會被看透。可是成熟呢？ 自稱成熟的人們，有幾個人敢讓別人審視？ 不把他看透，也一定讓他倍感焦灼。這就是成熟和成長。而我所追求的恰恰是那面厚厚的牆壁。

我們都參加過朋友聚會，到場的人們相互寒暄唏噓，「你最近變漂亮了呀！ 氣色不錯呀！」、「聽說你公司盈利不少，恭喜恭喜」、「非常感謝你上次鼎力相助，我們是永遠的兄弟」。可是，聚會上再開心的人們，散會後也會對其他人說：「也就那麼回事吧」、「真沒意思，還不如不去」。

原本聯絡感情的朋友聚會，成了相互攀比的較勁。混得不錯的人，有了炫耀的資本，混得不行的人，有了抱怨的理由。很多人都忘了前來參加朋友聚會的目的是快樂，是為了釋放自己在生活中的壓力。不少人為了避免別人的審視，甚至拒絕參加任何朋友聚會。

這一切源於什麼呢？ 我想，不是放不開，也不是地位差距，而是不夠勇敢。他們是不敢，而不是不能。不敢被別人問起，最近做了什麼，不敢面對旁人的眼神，不敢張開雙臂，迎接所有的眼神。誰都可以說自己變得成熟，卻不可以說，自己還在成長。

第二章：
趁我依然充滿力量

　　其實，當人們足夠坦然，足夠勇敢，那麼一定會對這個世界，對他人，對自己都是一種寬恕。這就是我所追求的成長，所以我千萬次告訴自己，遊戲是為了娛樂，工作是為了價值，如果無法到達目的地，就讓心靈首先坦然。

轉眼即長暮

你熟悉東西方唯美的神跡，卻不熟悉你自己；你熟悉歷史長河中的戎馬鐵蹄，卻不熟悉你自己；你熟悉親朋好友的高尚和陋習，卻不熟悉自己。終有一天，你會發現，把世界熟悉，自己卻永遠是個謎。

走在大街上，我總是習慣思考。在繁忙的工作之餘，路途中的思考便是奢侈。偶爾，身邊掠過人影，我也是毫不在意。假如說撞到了誰，或者被誰撞到，也毫無反應。這樣的肢體接觸已經給不了我直接的感受。因為我開始忽略身體。

擠在公車上，我總是慶幸車上還有一隻腳的空地，然後整個身體的重心移到一隻腳上。在擁擠的人潮中，回家便是唯一的目的，誰管公車是否超載或者被擠得失去主動權。假如說，誰踩了誰的腳，又或者被誰踩到，挪挪就行了，轉眼就忘記。因為我已經忽略了這樣不得已的不適。

坐在辦公桌前，我又拿出了資料。在激烈的競爭中，努力是最好的競爭方式。於是，我相信在深夜，很多上班族依然在工作，甚至到凌晨。假如，深夜來臨，身邊有一杯熱呼呼的咖啡，就是萬分感謝。因為我已經忽略了「日出而作，日落而息」的生活習慣。

我時常在想，即使自己苦了，累了，也要努力地打拚下去。但為了什麼，始終沒想明白。我們都懂得「珍惜」，卻不知

道究竟該珍惜什麼。很多人都宣揚「奮鬥」、「打拚」，難道我們不該珍惜這份辛辛苦苦贏得的工作嗎？難道我們不應該趁著年輕而好好奮鬥一回？難道我們不應該帶著父母的期盼走上「成龍成鳳」的道路嗎？當然應該，可是當教室裡，學生在拚命地學習，被累倒；辦公室裡，職員在拚命地工作，被累倒，一張張考卷被學生調侃「可繞地球 13 億圈」，一份份文件被職員們稱為「索命單」的時候，這些「努力」和「打拚」又是什麼？

為什麼我們口中的「努力」、「奮鬥」會出現這樣的結果？我們履行著自己的那份責任和義務，卻忽略了自己。我們根本不熟悉自己。當有一天，注視自己的雙手，才發現它已經不再柔嫩、白皙，取而代之的是陌生又熟悉的紋路越來越多，當有一天，照照鏡子，才發現那稚嫩的面龐已經滄桑得分不清年紀；當有一天，你看到一句歌詞：「住客請記得，總有一天，租約將滿」，才驚覺自己不就是那個住客嗎？身體「這間屋子」最終還是會被收回去的。於是，我們離自己越來越遠，迷失在人生的道路上，卻都在自作聰明地講述人生哲理。

我們這副軀殼已經或多或少經歷了些許歲月，可是它並非像產品那樣有保固期和維修證明，一旦失去便是永遠。我們對它做了什麼？過度地消耗、傷害。我們從未專心地聆聽過它的呼喊，當我們專心聆聽它呼喊的時候，身體早已經一碰就碎。

佛家有云：人身難得，佛法難聞。傳說，在六道輪迴中，只有人具備進行更高層次修行的資格，而人身也是最不容易得

到的。或許，我們在六道裡輪迴了數千年，才會擁有一次肉身。

　　後來我對自己說，這套「房子」比什麼都珍貴，我們只是「租客」，當租期將滿，就不得不「搬出去」了。所以，在有生的時間裡，一定要珍惜這副難得的身體，因為誰也不知道自己究竟交了多長時間的「房租」。

化為烏有

人生從來都不會重新來過，但是有些事情我們卻可以重新來過。如果一件事情做不好就放棄，那麼就失去了成功的機會。

表弟今年考入了上海某大學資優班，家裡人共同慶祝了一番。飯桌上，大家講起了表弟的往事。

表弟是外婆看著長大的，所以她回憶起來簡直滔滔不絕。從他小時候的興趣說到現在的行為動作。總之，對於外婆來說，那些事情可能還近在眼前。

外婆說：「他小時候，脾氣就特別好。有一次，我在廚房做飯，他在客廳玩積木。我端飯出來的時候，不小心把他堆得很高的積木給踢倒了。如果換了其他孩子，早就大哭大鬧了。可是人家不慌不忙地又從頭開始堆起積木來。難怪人家可以考上重點大學呢！」

能看得出來，對於家人來說，表弟的成績是值得驕傲的。但是我從另一個側面卻發現了他成績優秀的原因 —— 肯重新再來。

我們學習的時候很沒有耐心，一道題做不出來就放棄了，甚至連考卷都撕裂。我們工作的時候也很粗心，一件事沒做好就生氣了，甚至連工作都放棄了。可是，表弟呢？他有重新再來的勇氣和耐心，才能獲得最終的成績。

堆積木就好像我們累積人生，也許某一天，我們精心累積的人生被別人不小心打翻，曾經的成績化為烏有，或許我們自

己把不滿意的人生打碎，但這不是結尾。既然我們還有機會和時間再重新堆一次，又為什麼要放棄呢？

我們總是責怪別人不小心打翻了積木，總是抱怨自己的命運為什麼如此坎坷，懷著痛苦而憂愁的心理看著身邊的人專心地堆積木。如果你夠細心，就會發現，當初自己的積木那麼高的時候，身邊的人才堆了一小層，但是等你打翻了之後，他還在緩慢地堆著。不知不覺，他的人生早已超越了你的人生，而你一直在自怨自艾，再也沒有起來。

其實，我們的一生中，有無數次得到，也有無數次失去。當我們所擁有的一切化為烏有的時候，你是否想過從頭再來？東山再起的人都是大者，並不是他們的能力和智慧，而是他們拿得起，放得下，不會為了已經失去的東西惋惜一輩子，而是迅速把目光鎖定到下一個。那些不甘心放下過去的人永遠都不可能成功。

就像愛迪生當年，如果他實驗幾次就放棄了，那我們現在還點著煤油燈呢。就算後人能夠創造出電燈，那也需要數年。所以說，當不幸的事情發生在我們的身上，或者突發變故的時候，我們應該做的就是鼓起勇氣，重新來過，甚至會比前一次更快，更完美。

讓我們人生的積木越疊越高，就算突然間因為外力倒塌，也要迅速調整好心情重來，說不定還能疊出不一樣的人生積木，比過去的更高，更宏偉。

學而無害

英國外交家查斯特菲爾德在寫給孩子一生的忠告中，第一封信就強調：「首先，我希望你在 18 歲之前，一定要做好人生知識的準備。」

很多人都是「書到用時方恨少」。在學校的時候不知道學習，在該學習的時間段沒有學習，到後來就一邊後悔自己當時沒好好學習，一邊羨慕別人憑藉知識素養得到好的發展。

誰都羨慕那些博才多學的人，巴不得和人家有點關係，但就是不想想自己為什麼不是那樣的人物。

網路上有那麼一段短文，關於父親教育兒子的：一天，父親偶然看到兒子的成績單，發現兒子的成績很一般，就問兒子：「最近，你有什麼心事嗎？」兒子答：「沒有。」父親又問：「那你最近為什麼成績退步了？」兒子低著頭說：「爸爸，您說上學有什麼用？ 班上的同學們都在講，現在學習的東西以後用不上。總不能拿數學的各種定理知識去買菜吧？ 總不能拿國文的文言文去交談吧？ 總不能到哪裡先觀察地質，了解歷史吧？ 我真的不知道有什麼用？」

父親沒有說什麼，只是靜靜地聽著兒子抱怨：「而且，我前幾天還聽見您和朋友們聊臺灣的教育體制不如以前了之類的話。我覺得很有道理呀！」父親摸著兒子的頭說：「對，現在的讀書就是沒用的東西。」

「那我為什麼還要讀書呢？」兒子不解地問。

「你現在學習無用的東西是為了考驗你呀，如果你連這麼無用的知識都學不好，那以後又怎麼有能力去學習有用的知識呢？」父親一步一步地給兒子講解：「兒子，你看，從古至今，不管做什麼事情，都需要扎實的基礎做後盾。這就像你蓋一座高樓，你說這麼高的樓，我又不住地上，為什麼還要浪費時間在打地基上？再舉例來說，你喜歡的音樂，難道不是因為有了那些音符，才讓音樂更動聽的嗎？難道你直接上來就能譜曲了？」

兒子恍然大悟地說道：「爸爸，我知道了。這些知識看似沒用，卻有著無形的力量，只是普通時候，看不出它們的作用。」父親滿意地點了點頭。從此兒子的成績一直名列前茅。

這位父親的教育方法是極好的，讓孩子心甘情願地去學習，把學習看作補充人生的必走之路，而不是為了別人，為了考試而學習。

我們在學校的時候，總是責怪老師對我們嚴格，責怪父母對自己嚴肅苛刻，只是不知道，如果有一天，我們遇到了必須面對的問題，又必須用過去學過的知識解決時，你還會不會責怪老師和父母？

每個人出生都是一張白紙，人生中的色彩是被自己畫上去的。當你學到了一樣知識或者一個道理，那張紙上就多了一道色彩。我們不能總是羨慕別人的畫板五彩繽紛而埋怨自己的畫

板單調無趣，要清楚只有你自己才能為那張紙畫上顏色。

人必須在不斷地學習中成長，如果不學習，我們就寫不出富含愛恨情仇的詩篇，也沒有機會理解古人的喜怒哀樂，更不可能以史為鑑，把未來過得更好。如果不學習，我們就不可能建造摩天大樓，不能開設遊樂場，不能以車代步。如果不學習，就不能了解國內外發生的大事，就不能知道世界的另一個角落有怎樣的風景。

不光是課本上的知識，所有的知識都有學習的價值。在這麼一個快速多變的社會，不多學點知識，又怎麼追得上飛速發展的步伐呢？

我們只能謙卑自抑

邱吉爾說：「我們只能謙卑自抑，尋求指引和寬恕。」

從什麼時候開始，我們開始專注於索取和得到，卻不曾想過，這樣的人生會剩下什麼。人們不斷地追求報酬，追求利益，根本不會想到這樣也會招來禍害。但其實，我們應該像邱吉爾說的，謙卑自抑。

在我的印象當中，所有出色的人都會被其他人議論紛紛，當然，一種是因為羨慕，一種則是因為嫉妒。

記得上學的時候，班上有一個被稱為「校草」的男生，幾乎全校的學生都知道這麼一個人物存在。他的成績很好，籃球打得也不錯，經常得各種獎項和榮譽。然而，這麼一個優秀的男生卻很不受同學的歡迎。

如果他在學校裡有什麼風吹草動，其他同學都會第一時間注意到他，假如這時，他又贏得了什麼獎項，同學們便會敬而遠之，最後連祝賀的話也不說，甚至是好朋友也對他冷淡了。假如他最近受到挫敗，同學們便會暗地裡嘲笑，好朋友就過來安撫。其實，安撫是假，看笑話才是真。

人就是這樣，看不得別人好，所以如果我們不懂得較量就要懂得內斂。有一天，這位男同學和幾個朋友在學校吵架被許多人都看見了。他一直說自己並沒有錯，是自己的好朋友公然汙衊自己。看吧，人怕出名豬怕壯，就是這個道理。

當然，我們並不能這麼極端地看待這個問題。只是，人們應該懂得謙卑自抑，也就是低調生活。俗話說：「譽滿天下者，必毀滿天下。」如果要想生活得自在，除了不在乎他人的看法，還要懂得在生活上收放自如。

後來，男生也聰明，不再什麼事情都出風頭，而是放棄了許多機會，但這麼一來，剛好給了他學習的機會，平時總是受到同學們的非議，免不了心煩意亂，現在可好，同學們不關注他，他倒是清靜了。

如果我們極力地想從生活中得到什麼，那麼我們一定什麼都得不到。即便是名譽滿天下，也一定會招惹是非。所以，我們應該謙卑自抑，讓自己過得更加明白，更加自由。

哪裡不如別人

我們總是喜歡羨慕別人的好，卻總是看不清楚自己的不足。別人有高學歷，有賺錢的生意，有名車和豪宅，品味高端，總之一切都好。

朋友總是抱怨：「你說，像我這種要什麼都沒有，吃什麼都不夠，幹什麼都不行的人，以後要怎麼活啊。你看人家小李和阿白，人家家境好，學歷高，長得還好看。」沒過幾天朋友又抱怨：「你說，這是怎麼了？ 人家又升遷了，可是我依然昏天暗地地工作，沒有盡頭。」

莫不是我們羨慕別人的好了，看不到自己身上的優缺點，又怎麼會因此而煩惱呢？ 其實，大家真的相差不多，只是我們沒找到突破口。

小趙是剛畢業的大學生，在學校品學兼優，獲得了很多獎狀。幾經周折後，終於在某家大型企業落了腳。剛進部門的時候，專案主管很照顧小趙，幫他安排好各類事項，還囑咐他要多向其他人學習。小趙表面上唯唯諾諾地答應了，暗地裡卻不甘心。

經過打聽，小趙終於知道，這位主管老家在臺南，在臺北待了五六年，終於熬上了主管的職位。小趙心裡就想：五六年之後，我肯定也是個主管級別的人物了。像我們主管這樣的，其實也沒什麼本事嘛，還不是靠巴結領導嗎？

　　這天，主管給了小趙一個專案，主管說：「小趙，你把那份任務做好，確保萬無一失，因為這對於公司非常重要。」

　　小趙嘴上答應，心裡卻在想：一個專案能有多難？再說，你給我的任務不過就是公司最底層的任務，還能難倒我？

　　馬上就要下班了，小趙焦頭爛額地坐在辦公桌前，拿著那份他根本看不太懂的檔案。同事們正收拾東西離開呢，小王還很熱情地邀請小趙一起下班。可是，小趙哪裡還有心情，本來想把這份任務做好，給主管來個震撼，結果剛剛畢業的小趙確實經驗不足。

　　主管臨走的時候，發現小趙還沒走，就過來詢問，主管對小趙說：「慢慢來，別著急，我那有份資料，你可能用的上，而且這項是……」一個半小時過去了，主管就站著幫小趙把這份檔案講解了一遍，然後還鼓勵小趙一定要做好它。

　　小趙這才知道，自己和主管差在哪裡了。原來，主管這個人很好，不是每個人都喜歡把自己的能力和優點暴露無遺，但是一旦用得著他的時候，他便會毫不吝嗇地施展自己的能力。

　　有些東西，其實是不應該外漏的，越是重要的東西越要藏好，比如錢財，比如才華。如果一個人經常拿這些東西出來炫耀，一定會惹禍上身。所以，聰明的人是不會讓你看出他為什麼有能力的，所以你的憤憤不平，你的羨慕嫉妒恨根本不起作用。

　　我們要做的就是掌握好自己，在每一個空閒時間，鍛鍊自己，給自己補充知識，幫自己找到真正的我，更重要的就是我們一定要能看得清自己，只有發現自己身上哪裡是優點，哪裡是缺點，才能準確地揚長避短，也才能知道究竟哪裡不如別人。

寧做鳳尾

我有個朋友對我說：「這輩子我寧可做雞頭，也不做鳳尾。」當然，在這個世界上，是存在階級層次差異的。人們分為三六九等，並不是封建時期特有的產物，而是智慧和文明水準的差距。我們常說：「物以類聚，人以群分。」並不是誰特意把我們分成了幾個等級，而是「道不同，不相為謀」的自然規律。

朋友說他寧願做雞頭，不做鳳尾。我覺得也並非沒有道理，既然不能在鳳凰堆裡風光體面，為何不當一隻精神的大公雞呢？但是，這真的是好的奮鬥方式嗎？

很多年前，我們班上來了一位同學，他不是轉學，也不是成績不好，完全是他的心態不正確，校長把他從全校最好的班級轉到了我們班。那個時候，我在普通班裡，成績是很普通的水準，他來到我們班，直接就是第一名，甚至超過我們班原來的第一名五十多分。剛來到我們班的時候，全班同學都很好奇，就四處打聽他為何被調離原班。

最後得知，他在好的班級裡，成績比不過別人，心理就出現了問題，經常和老師爭辯，說什麼自己要是在普通班肯定當第一名，而且還能恢復自信。在他的再三要求下，校長經過深思熟慮把他轉到了我們班。當時我們都比較單純，以為他能夠幫助我們把成績帶上去。班上有幾個平時喜歡讀書的同學就開始找他問問題，誰知道他不但不耐心告訴別人，還揚言說：「為

你們講題簡直就是在浪費我的時間，你問別人吧。」可能是在最好的班級受了刺激，想在我們班做出點成績，他幾乎不浪費一分一秒，上課認真聽講，下課好好寫題，不放過每一分鐘和老師接觸的機會，問各式各樣的題。

久而久之，我們大家對他都敬而遠之，畢竟從他的言行舉止上來看，他根本沒有把我們當成同學，而是阻礙他進步的人群。奇怪的是，每天看他這樣努力，考試成績卻大不如以前，他又開始責怪我們沒讓他有個安靜的學習環境，要麼說普通班的老師講課不怎麼樣。總之，他從原來的不想做鳳尾又變成了不想做雞頭，但是校長並沒有因為他的想法而把他調離我們班，因為校長早就看出是他的心態出了問題。

如果一個人的心態出了問題，即便待在非常好的環境裡，也覺得處處不如意，心態好的人，不管待在哪裡都覺得是天堂。

一位知名企業家說過，我們做人一定要做鳳尾，但是做事一定要做雞頭。做人，我們要學習的東西很多，值得我們去學習的人也有很多，如果你能夠和有用的人做朋友，那麼即便你是他們當中最後的那個，品味也一定不會太差。做事，我們學會了做人，才能學做事。只有當我們獲得了生活當中較高的品味，才有長遠的目光去看待生活中的問題，然後才有可能做事情。而做事情一定要有創新，做首領，把事情調配得恰當，必要的時候，找那幫可靠的朋友幫忙，就算不能成功，也不會失敗到哪裡去。

　　真正做到「鳳頭」的人少之又少，即使你在這方面是「鳳頭」，在另一個領域，你也有可能是「雞尾」，所以我們不能自滿，要多去結識在社會上，在各個領域上都勝過自己的人，不要妄自菲薄，更不能死好面子，因為只有當上「鳳尾」才有可能做到「鳳頭」。

　　所以說，做人「寧做鳳尾，不做雞頭」才是智慧的選擇，如果真的想當仁不讓，就要在事業上一決高下了。

第三章：
其實我並不是健忘

那些曾經與我朝夕相處、揮淚離別的場景總是使我熱淚盈眶。明明在人生路上足夠勇敢，卻始終不敵以愛為名的身影。每次想起那些感人肺腑的事情，總覺得自己極度殘忍，竟然接受了父母、戀人忍痛割愛的人生。

其實，我並不是健忘，只是再也無言提起。在無數個問心無愧的深夜裡，最怕想起那些接受過的忍痛割愛的人生，唯獨這一點，讓我自慚形穢。

我深愛的親人和戀人啊，為了我而付出的人生，會不會讓你們覺得遺憾？

殘破不堪的東西

妹妹今年國二，也許是因為青春期的關係，最近變得脾氣很暴躁，也不再願意和我們說話。每天都悶在房間裡，不知道是不是在念書。

父親下班回來之後，總是第一時間推開妹妹的房門，詢問妹妹是否已經吃飯沒，今天過得怎麼樣。但是每次都會得到妹妹皺著眉頭對他大聲嚷：「出去，沒看我寫作業嗎？煩不煩啊？」要是父親再多說一句話，妹妹就要歇斯底里了。父親總是在這個時候，一邊罵著，一邊退出妹妹的房間。

我在一邊看著，對父親說笑著：「您說您這是何苦，明知道她就這樣，還每天晚上去熱臉貼冷屁股。」父親看似不在意地說：「這就是天下父母親對孩子無限的包容。」

其實，平時父親在家裡的角色是很不受人喜歡的。因為母親平日裡和我們接觸比較多，我們自然和父親的關係不那麼親密，他又喜歡和我們聊天，久而久之，我們就覺得他特別沒學識，什麼也不懂。總覺得他帶給我們的都是殘破不堪的心情，每次都以吵架結束，和他沒有什麼共同語言。

但是從他嘴裡說出「這就是天下父母對孩子無限的包容」的時候，我第一反應：這是人的天性。確實，每個父母都是愛孩子的，不管這個孩子是不是成績很好，也不管這個孩子是不是長相漂亮。他們付出了太多，為了我們，放棄了很多。

第三章：
其實我並不是健忘

　　長大後，我才慢慢明白，有一種愛是無法用語言傳遞和表達的。那些我們覺得殘破不堪的東西，正是父母竭盡所能給我們最好的東西。

　　有一年，如果不是虛榮心作祟，我不會因為父親來學校而感到尷尬，我不會斥責他為什麼不在學校外面等候。那是我國三時的冬天，天氣格外冷，早上還下起了大雪。我的羽絨外套是母親把幾個舊的羽絨外套湊成的那種，樣式老，顏色舊。同學們都穿上了新羽絨外套，有腰身的，蕾絲邊的，粉色的，白色的。我才不要穿黑溜溜的舊式羽絨外套呢！

　　為了躲過母親的「關愛」，我還沒等母親讓我穿上羽絨外套就跑了出去。我寧可凍死也不穿那樣的羽絨外套。但是我很快就後悔了。因為雪下得不小，我們全校停課掃雪。對於大多數的同學來說，這是一件多麼高興的事情呀，不用上課了！可是我有點茫然了，沒穿羽絨外套，上操場上掃雪，我會凍死吧？

　　可是，班導都說了，我也只好硬著頭皮，跟同學們去了操場。我第一次想念那件發舊的羽絨外套了。原來，它並非只會讓我丟人。但想有什麼用呢？它又不會跑到我面前來。於是我努力地掃雪，希望可以透過活動產生點熱量。

　　就在我快堅持不下去的時候，同學從老遠的地方跑過來，對我說父親來了。我當時就愣住了，父親怎麼會來？我帶著疑惑，走到了父親跟前，心想著千萬別讓同學們看見。我也不知道當時的尷尬是如何而來，就覺得如果父親被同學看到，一定會嘲笑我的。

　　父親把那件老式的羽絨外套遞給我，對我說：「你怎麼不知道拿著衣服，感冒了又得花錢。快穿上。」父親看著我穿好衣服，轉身離去了。我感到一陣暖意流淌在血液中，我不知道是不是父親的愛溫暖了我，還是羽絨外套的作用。

　　我忽然想起了那個時候的父親，穿著一件公司發的羽絨外套，還沒有我的衣服一半厚，聽母親說，我的這件羽絨外套用了父親兩個羽絨外套做成。

　　也許，父親不能給我更好的東西，卻把愛都給了我。而我卻把這麼貴重的東西當作殘破不堪的東西。

　　如今想來，真是可惜了那麼多年的愛。

我覺得她真美

　　小的時候，我總是羨慕別人家的孩子，能到處去玩，到處吃吃喝喝。而我，每到放學的時間，必須第一時間趕回家。如果晚一分鐘，母親就會放下手中的家務，不顧形象地跑到路口去等我。

　　她形容說我總是提著一個小袋子，慢悠悠地走回來。她笑著說：「我大老遠就已經看到你出現在轉角處，但是你總是能走出好幾個來回的時間。那種慢悠悠的樣子真讓人著急。」我知道，母親是愛我的，不像父親對我的愛，總是在事情發生的時候才會顯露。

　　在我的印象當中，母親總是把我管教得特別嚴格，每晚要按時睡覺，如果稍晚一點，就開始一遍遍地催促。每天所有的行蹤都必須上報，差一分鐘她也要問我去了哪裡。每次出門都必須說好去做什麼，幾點回來，和誰見面。我總是抱怨母親一點尊重也沒有，一點私人空間都不給我。

　　妹妹出生以後，母親也這樣對待她，結果就造成了我們兩個都特別想脫離這個受束縛的家庭。但是，我當時並不明白，這個家是父母經營了一輩子才換來的幸福之家啊！

　　鄰居們都開玩笑似的對我母親說：「您這是孩子走丟過吧？怎麼把孩子看那麼緊？」母親笑著說：「不是丟過孩子，是怕丟了。呵呵，心裡總是放心不下。」

　　一天中午，下起了大雨，路上的行人幾乎都被淋溼了，就連穿著雨衣和撐著雨傘的人也被多多少少淋溼了不少。這場雨來得猛烈，有點世界末日的感覺。恰逢妹妹放學的時間又到了，平時母親讓她坐接送學生的車回家，結果司機打來電話說沒接到妹妹。

　　母親當時就坐不住了，眼看著外面的雨越下越大。她二話不說，穿上雨衣騎車就出去了。我在家裡也是焦急地等待，一是不知道妹妹究竟做什麼去了，二是不知道母親能否接的到妹妹。也許是受了母親的影響，我也開始坐不住了，我撐著傘去路邊看了又看，還是不見人影。

　　在我第三次出去的時候，看見母親一個人騎著車子回來了。她一見到我，腿都軟了，站都站不穩，衣服全都溼透了，頭髮也被淋溼了。她顧不上自己，趕緊問我：「你妹回來了嗎？這孩子去哪兒了？ 怎麼一路上都沒有？」那時，妹妹上六年級，學校離家差不多十分鐘的車程，如果是走路的話半個小時也應該到家了啊。

　　我焦急地說：「沒有啊，沒看見。」母親一聽又騎上車要出去，我說讓我出去找吧。母親說：「你在家看家！ 等你妹回來，就別亂跑了。」說著，又騎車出去了。

　　沒過一會兒，妹妹就從另一條大道上回來了。我責怪地問她：「妳去哪兒了？」妹妹撐著傘一臉茫然地說：「我沒找到車，就自己走回來了。原來那條路上都是水，我就從這邊回來了。

媽呢？」我說：「誰的傘啊？ 媽去接妳了，這是第二次了。剛走，我打電話給她吧。」

我走進屋子，讓妹妹換掉溼掉的衣服，準備打電話給母親，才發現母親根本沒來得及帶上手機。

過了一會兒，母親終於回來了，一見到妹妹就坐在了地上，問道：「妳這是去哪兒了呀？ 嚇死我了，還以為走丟了呢！」我想，母親的心終於可以放下了。

那天的她，最狼狽，卻是我見過最美的樣子。過去，我只知道自己要自由，要快樂，卻不知道自己從出生的那天起，就已經把母親的心拴住了，她早就沒了所謂的自由。而我們還一直責怪生活得不滿意，責怪飯做得不好吃。

後來，母親說，每次遇到這樣的大雨，總是會有人被水沖走，或者失蹤。以前聽到這樣的事情太多了，所以不捨得我們離開她的身邊。

原來，母親比我們懂得珍惜，懂得每一次在一起的機會是多麼的不易。而我們生在這個家裡，又是多少個刻意的相遇和無意的善良成就的必然結果。我們又有什麼資格說自己不幸福？

他從來不是個懦弱的男子

我的父親是個硬漢形象，在那些北漂的歲月，他一個人扛起了整個家庭的負擔。父母都是鄉下人，在臺北少不了被人瞧不起，年幼的我早早地就已經意識到這一點。

父親總是對我說，不要讓別人瞧不起自己，要堅強。

剛上一年級的我並不知道「堅強」究竟是個什麼意思，為什麼父親總是在重複。在我去參加校園運動會時，父親對我說：「要堅強，一定要堅持下來，跑第一名！」在我的思想裡，「堅強」就是贏得最好的成績，得第一名。

班上的學生們都討論著流行話題，而我對些事情一問三不知。在我的眼睛裡，分為兩種人：一種人就是那些自認為成績優秀，但總用鄙夷的眼神看我的人，一種就是班導。

我沒有朋友，只有班導能和我說笑，同學們要不就嫌我土氣，要不就嫌我不會說話。那個時候，我很苦惱，不知道自己為什麼會來到這個世界上，更不知道別人為什麼會這樣對待我。

父親當時對我說了三句話，我至今記得：「你要堅強，遇見什麼事情都不要哭泣，要像個大丈夫一樣堅強，要勇敢。如果有人欺負你，你就還手，不能讓別人看扁。努力超越他們！」

說實話，我真的受夠了那些受人看不起的日子。我開始了自己的「復仇」計畫 —— 努力讀書，鍛鍊身體。經過數日的努力，我的各科成績和班級名次開始上升，期末考試拿了全班第

一名，我的體育細胞也是全校第一名。很多同學開始嘗試著和我說話，以前那些不喜歡我的同學也開始為了讀書接近我。班導給了我不用寫家庭作業的特權。我才知道，父親說的「努力超越他們」是什麼意思。

但是，我得意的日子並不長，班上有一個特別無賴的男孩，總是找我的麻煩，我一開始並沒有理他，他卻變本加厲。有一次，我走路回家，他假裝好心地讓我過去，說有東西給我。當時他坐在車裡，我在窗外抬起頭看著他，誰知他猛地打了我的腦袋，痛得我差點就哭了出來。但是我對自己說：「不能哭，要堅強。」我就那麼忍著眼淚，死死地盯著他，他得意地對我做鬼臉。

回到家裡，父親看我悶悶不樂，問我究竟怎麼回事。我將事情地原委告訴了父親，父親當時就火冒三丈，他對我說：「哪個小子這麼混蛋？你告訴我，我非得教訓教訓他，造反了他！」母親在一旁勸父親要冷靜。我低著頭，委屈極了。憑什麼一個外地人就得受他們這麼欺負？我又想起父親對我說的話，於是我對父母說：「你們別管了，下午我自己解決這件事情。」

父親倒是很支持我這樣做，他說：「如果他再打你，你就用力還手，看他以後還敢不敢這樣對你了。」很久以後，我才知道，這樣的做法其實一點也不對，但是也就是在很久以後，我才知道，不光是我總是受欺負，就連父母在那個時候也是低人一等的待遇。而我也終於知道父親為什麼要和我說那些話。

　　最後，我真的把那個男生打了一頓，在班上，赤手空拳地把他打倒在地，那種感覺無法用言語表達的。但是在惡勢力面前，這樣的發洩倒是保護了我。他再也沒有找我的麻煩。原來這就是保護。

　　這麼多年來，父親還是喜歡和別人打架，母親總是說嫁給父親一點安全感也沒有。但是，作為沒有讀過太多書的父親，不懂什麼是計謀，不懂什麼是圓融世故，他只懂得用一雙堅硬的雙手保護著自己的家庭。

　　他從來都不是個懦弱的男子。

我們總是健忘

　　很多人喜歡問我，你為什麼喜歡讀書，為什麼喜歡寫字。我總是笑著說：「可能是天性吧。」但是他們不知道，如果我們不讀書，不寫字的話，會多麼的健忘。

　　大學一年級，我陪室友回了一趟家。她的家鄉在山腳下，那裡的村民生活水準有些落後，四處沒有商店，也沒有計程車，唯一的好處就是風景非常美。

　　她的母親一見到有同學來，馬上高興得不得了，囑咐室友給我拿點好吃的。晚飯後，她的母親拿出了一包東西，我以為是什麼呢，結果我一看，這是哪家孩子隨手寫字的筆跡。我開玩笑地說：「阿姨，這是不是她小時候寫的字啊？」沒想到，她母親驚訝地問我：「妳怎麼知道？」之後，我們都笑了。

　　阿姨和我們聊了很久，她說，如果不是這些筆跡，她還不能確定自己的孩子是不是已經長大了呢！她拿出一張紙，那上面歪歪扭扭地寫著：「媽媽，我愛妳，老師說要對媽媽好，這樣就能得好寶寶貼紙了！」她說，這是室友上學的第一年，那個時候剛會寫字，就寫了一封「情書」給媽媽。

　　我開玩笑地對室友說：「喲，您還有這樣的歷史呢？那個時候你就這麼肉麻啊？」室友不好意思地笑了笑。她的母親又拿出一個本子，她說本子裡都是室友的日記，還給我指出其中一段給我讀：「我要快快長大，幫媽媽做家務，陪爸爸賺錢去！

以後做一個有用的人，不讓媽媽受苦！」

後來室友說，她看到這些有些不知所措了，因為她發現自己早已忘記當初說過的要幫媽媽承擔家務，早已忘記自己當初說過要讓媽媽享福。如今，只知道自己舒服，想買什麼買什麼，從來不想給父母買點什麼。

她的母親還拿出一雙特別小的鞋子，幾件特別小的衣服，對我說：「妳看，這是她小時候穿的衣服，那個時候才兩個手掌那麼大，現在都比我高半顆頭了。」看得出來，她的母親很愛自己的女兒，室友不在家的時候，她一定總是拿起這些東西來想念吧。

室友說，她每次回家的時候，母親都會準備豐盛的飯菜，從不讓她做家務，久而久之，她早已形成那種享受的習慣，再也沒了幫媽媽做點什麼的想法。要不是我去她們家做客，她根本就不知道母親還把那些早已經忘記的東西留著呢！

我笑著說：「阿姨還很優秀呢，認識那麼多字，我媽媽小學念完就不念了，那個時候太窮了。不過妳媽媽小時候肯定總是教妳寫字吧？」

室友愣住了，沉默了許久之後，她才吐出幾個字：「她根本就不認字，也從沒上過學。」我也不知道說什麼才好，讀了那麼多年的書，都沒能猜透一位母親的愛。

莫不是她的母親因為想念她，特意去學了她留下的字，又怎麼會說得那麼流暢呢？在那麼多個見不到女兒的夜裡，阿姨

一定總是拿著那些紙條和本子落淚吧。

我們雖年輕，卻總是健忘，把父母對我們的愛拋到了腦後，忘記了他們需要什麼，忘記了他們喜歡什麼。他們雖年紀大了，卻永遠不會把我們的喜好忘記，也不會忘記我們需要什麼，每次一個電話，就知道我們需要錢了，就知道我們受傷了。

我想，我的父母也是這麼想念我的吧，否則又為什麼能在看相冊的時候，清楚地記得照片上的我當時是喜是憂？否則又怎麼能在每次我回到家中，都有我愛吃的飯菜？即便有一天，他們因為生病躺在了床上，即便他們有一天得了老年痴呆症，忘記自己的名字和生日，還是會記得自己的子女，是否幸福快樂。

人們都說，「書中自有黃金屋」，我想，之所以忽略了父母這麼多年的愛，是因為自己讀書不夠多吧！我多麼希望能從書中讀到一條：「關於如何挽回那些年不曾留意過的父母之愛？」的應用百科，好讓我彌補這麼多年來，一直存在的疾病——健忘。

無法償還

在這個世界上，欠債還債天經地義，只是，有一種債務，無法償還，那就是愛。我在書中看到過這樣一則故事，至今為止，每次讀到這封信都會熱淚盈眶。

那一年，小龍考到了國外一所大學讀書，對於他來說，或許遠離也是一種解脫吧。他的父親前幾年一病不起，母親好賭成性，這樣的生活他受夠了！

大學第一個冬天，雪花在校園內飛舞。小龍喜歡冬天，喜歡看漫天白雪。只是過去，每當這樣大雪紛飛的日子，父母都會爭吵個沒完，他從來沒有靜下心來欣賞過這樣美麗的景色。

小龍坐在校園的圖書館裡，看著外面漫天的大雪，心中莫名的恐懼和憂傷蔓延開來。他嘆息著，心裡想：要是父母能和平相處，母親能夠爭氣點，父親能夠健康些，那該多麼幸福啊！以後我要是找伴侶，一定要找一個像雪一樣文靜，一樣純潔的女孩，不會和我爭吵，不會讓我難過。

小龍轉過頭，打算繼續讀書，卻抬頭看到了一位漂亮的女生。她就像他想像中的夢中情人一樣，皮膚雪白，笑容安寧。從那天開始，小龍每天晚上都去那裡讀書，順便偷偷地看看她。

終於有一次，他在偶然下得知，這位女孩是英文系的學生。他覺得既然知道了她的身分，這是緣分，還不如寫封信告訴她，表達自己一往情深的思念。

第三章：
其實我並不是健忘

當晚，小龍買了一疊精緻的信紙，新的鋼筆，盡可能地將每一個字都寫得漂亮：

妳好：

此時此刻，我的心情其實是十分複雜的。我不知道寫這封信給妳，能否傳達我對妳的思念。外面的雪花依舊安靜地下著，儘管冷，但卻因為妳的存在，讓我倍感溫暖。請妳原諒我沒有正面對妳表達過愛意，原諒我沒有精心地準備一束花或者一份溫暖的禮品，而是簡單地寫了一封信給妳。

妳對於我來說，有那麼些遙遠。雖然我以前總是默默地關注妳，卻不曾對妳說過什麼，但我知道，要不是因為妳，我可能就深陷憂鬱了。可能，妳不是很注意我在妳身邊的日子，也不明白，我總是離妳遠去又慢慢靠近的心情。

即便如此，我還是想妳啊！妳能應我的邀請來與我相見嗎？聖誕節中午，在圖書館門口，希望妳能來！

最最想念妳的那個人

小龍沒有用自己的名字落款是想增加些神祕感，寫完這封信宿舍就要熄燈了。所以小龍匆匆地把信塞進了一個信封，就睡覺去了。早上起來，室友就神祕兮兮地對小龍說：「已經把信寄出去了。」小龍驚呼道：「你怎麼知道我寄給她？」室友笑嘻嘻地說：「我還不了解你嗎？」小龍以為室友知道了他的小祕密，就沒好意思再問。

　　聖誕節當天，小龍在宿舍精心打扮了一番，還跟室友借了香水噴了噴。小龍趕到圖書館，卻發現母親也在，小龍驚呆了！他四處環視了一番，並沒有看到那位女孩子。母親見了小龍高興極了，他說道：「兒啊，我接到信，特意請假趕過來了！」

　　信？那封信？小龍原本疑惑的臉一下子就變成了驚恐，那個自作聰明的室友居然把我的信寄給了母親？除了向家裡要錢，他可是從來沒有往家裡寄過信啊！

　　母親突然哭了，他抱著小龍說：「龍啊，我連夜搭飛機過來的，幸虧趕上了！過去，是我對不起你們，如今我找了一份工作，再也不混日子了！你爸的病也好多了，過不了多久就可以下床走路了。還是你有出息啊，在這麼好的大學讀書！我以後再也不賭了！要好好做人，好好和你、和你爸過日子。」

　　「媽！」小龍再也沒忍住，也哭了起來。他怎麼也沒想到自己的母親可以因為一個約定從幾千里外的老家連夜搭飛機來看他。他想，如果這是自己的話，最多就是回封信而已。他終於明白了，這麼多年，母親都是愛著自己的，也是愛著這個家的。

　　不管日子過得多麼艱難，母親從來沒有停止過賭博，卻因為小龍的一封信，再也沒有賭博過。

　　小龍沒有告訴母親寫那封信的原因，而母親把那封信認真地讀了一遍又一遍，把信保護得就像寶物一樣。

第三章：
其實我並不是健忘

　　我們都是好孩子，父母都是好親人。只是，我們這些好孩子從來沒有勇氣因為父母的一句話就來到父母的面前。無論父母如何想念，我們都以各種理由拒絕。所以，那些以愛為名的債務，我們永遠無法償還。

終於失去了你

鄰居家的姐姐前一陣子總是來我家做客，她是剛搬過來的，結婚不久。我們兩個的年紀相差不多，比較合得來，她握著我的手，高興地對我說：「我終於擺脫了父母的束縛了。」

她說自己從小就跟父親有一種隔閡，不喜歡父親那種懦弱而粗俗的樣子。我也沒好意思多說些什麼。我想，每個被寵愛的孩子都以為父母的愛是不可能丟失的吧。

我也見過她的父親，一個很和藹的叔叔，並不像她形容的那樣，反而很幽默。也許，她把那種幽默當作粗俗的一種來對待吧，心境不一樣，眼睛裡看到的東西也就不一樣。

其實，即便是她「逃離」了父母的管轄，父母卻依舊不知疲倦地來照顧她。她的娘家離這差不多一個半小時的車程，她的父母卻幾乎三不五時地來。

有一次，我正好遇見她的父母就多聊了幾句，站在樓梯口處，她的父母說，她從小就任性、天真，沒吃過什麼苦，怕她剛結婚和老公鬧矛盾，怕她做不會做飯，照顧不好自己。兩老講起自己的女兒，似乎想說的話太多。我想，自己的父母也是這樣吧。

也就是這一天，我聽到了她們家傳來的爭吵聲，她把防盜門打開，大聲地對她的父母說道：「早就說不用你們來，這下倒好了，把那麼貴重的一套茶具打碎了！老公回來得多心疼！這

第三章：
其實我並不是健忘

可是他從歐洲專程買的限量版！快走快走！以後別上這裡來了！」說完，我就聽見一聲「砰！」的關門聲，隨後是她父母匆匆下樓的聲音。這是我第一次見到這位姐姐發怒的樣子，也是第一次為父母的不容易感到難過。

從那以後，她的父母就不來了。她臉上的笑容多了起來，又開始跑我家來找我聊天。她說，自己好不容易找到了一個疼愛自己的人，不想因為父母在中間摻合而導致夫妻不和，還說那天她越是不讓父母幫忙做家務，他們卻閒不住，非得幫忙不可，結果把一套非常昂貴的茶具給打碎了。看她的樣子，好像在說這輩子最大的阻礙其實就是自己的父母一樣。只是，偶爾她也會碎碎念地說：「哎呀，要是媽在這兒，我還能多休息會，現在忙死啦，又是上班又是做家務的。」

後來，她的父母又開始頻繁地走動，聽說是她懷了寶寶，父母高興得不知道如何表達，又怕她嫌棄，特意買了幾盆花，說是淨化空氣，對孕婦有好處。其實，他們是想借助養花來照顧自己的女兒。

在她父母的照顧下，她的臉色紅潤多了，生活跟得上，看著心情也比前幾天好多了。只是，這樣的日子並不長，我發現她又恢復了一個人，身邊沒有父母跟著，還經常外出。那天，我正好回家，看到她也正好回來。我就問：「姐，叔叔阿姨呢？怎麼沒見他們？難道妳又說他們了？」

姐姐聽我說這話，眼淚「嘩」地下來了，我有些不知所措

地說：「對……對不起，姐，我不是故意說這些的，來我家待一會吧，和我說說怎麼回事啊？」

詢問了經過，我才知道，她的父親突發腦溢血，前幾天去世了。我的心「停頓」了一下子，腦袋也蒙了，上次見到還好好的，這人怎麼說不行就不行了呢？

她說，她現在晚上睡覺之前，都是父親疼愛自己的身影，當她生病的時候，父親曾背著自己去往醫院，當她想吃水果的時候，轉眼間就可以看到水果。而如今，父親生病了卻不給她一個孝順的機會，父親想吃水果的時候，卻從來不會下樓給他買些。

我們總以為自己是爸媽一輩子的寶貝，永遠也不會失去這份愛，可是，這份愛總是消逝得飛快，在我們還沒來得及思考什麼，還沒有用所學的知識得出什麼結論的時候就已經丟失了。我們總是在乎愛人的冷與熱，在乎愛人的疼與痛，卻從未去注意過父母的悲與苦。

她說，自己也將為人母，不知道自己會不會像自己的父母一樣讓孩子厭煩，卻依然想竭盡自己所能去愛他，不知道自己的孩子會不會體會到自己的一番苦心，卻希望他永遠過得好。她說，如果生命再重來一回，什麼價值昂貴的茶具，什麼所謂的自由，都可以不在乎。可是，人生就像李宗盛唱過一首歌〈我終於失去了你〉，當我們終於成功地完成自己的價值，有了生存的能力和出色的表現，我們也終將失去那份原以為永恆的愛。

第三章：
其實我並不是健忘

　　當人生第一次感到光榮，當人生第一次感到挫敗，當人生第一次感到疼痛，當我們第一次感到憤怒、歡喜、飢餓、寒冷、溫熱，他們都在身邊，教我們寬容、善良、溫柔、謙卑。她說，母親最近蒼老了不少，可是幸好她還健康，一定要好好地愛她。

能不忘就不忘

　　我總說自己是健忘的，但這不是我引以為豪的事情。我想說，我真的不願意做一個健忘的孩子，最起碼在父母面前是這樣。

　　那年，我和父母大吵了一架。原因很簡單，我想去離家遠一點的地方去上學，一來是想鍛鍊自己的獨立生活能力，二來是終於可以擺脫家裡的束縛。可是，父母卻極力反對我的這一想法。

　　我滿腹哀怨地問道：「為什麼不能讓我自己選擇一次呢？ 為什麼你們不相信我的能力呢？ 我真的不想一輩子都待在這個地方。」

　　父親嚴聲厲色地對我說：「真是胡鬧！ 你去那麼遠，誰去看你？ 你回來也不方便，到時候萬一被人欺負了，我們都來不及趕過去！」母親在一旁也皺著眉頭對我說：「再說了，你那麼點分數，去那麼遠還不夠車費呢！ 來回一趟得花多少錢呢？」

　　也許，父母都希望自己的孩子在身邊，不管孩子的能力多強，在他們的眼中永遠都是孩子。可是那個時候的我根本不理解。我按照自己的意願報名，完全不管他們的憤怒和心痛，甚至有些期待看到他們失望的樣子。父母得知我真的報了較遠的一所學校，並沒有對我發脾氣，只是有些不高興。

第三章：
其實我並不是健忘

　　送我上學校的那天，父母陪我起了一個大早，五點多就等我出發了。其實我以為沒什麼大驚小怪，可是當我真正上路，才發現自己竟然真的遠離了那個家。

　　父親是和我一起上路的，背著我的大棉被，他說來學校買會貴，還不如在家裡帶呢！我跟在父親的身後，他一路上一直跟我說：「看見了嗎？就是這種破地方，讓你非得來，有什麼好的，離家又遠，又沒個伴。」我倔強地揚起下巴，對父親說：「那又怎麼樣，我又不需要伴，我都長大了！」父親嘴裡嘟囔著：「長大什麼啦？什麼也不會！」

　　我遺憾自己沒有多看一眼為我背著棉被的父親，要不我也不會在大學裡肆意地揮霍了時光。父親常常對我說：「你得好好努力，為我們家爭口氣！」我以為這僅僅是一句鼓勵的話，卻沒有想到過這一直是父母天大的心願。

　　我是那麼地心狠，竟然真的以為自己是自由的，除了放長假我回去之外，其他的時間都藉口不回家。我知道，父母肯定是希望我回去的，但是我有我的生活圈，難免就把他們給忘記了。

　　直到有一天，我為了證明自己是有能力的，有了做生意的念頭。我和宿舍的幾個朋友商量了一下，每人花了幾千塊錢做投資，聯繫了一位賣化妝品的姐姐。那位賣化妝品的姐姐當晚來我們宿舍，說她的產品多好多好，結果拿了我們的錢，就消失了。我們幾個涉世未深的大學生就這麼被騙了。

　　要知道，我把所有的錢都賭在這上面，就是為了能讓父母看得起自己。我對自己說：「這下慘了，父母一定會責怪我的！」

　　我打了通電話給父母，心裡滿是對他們的愧疚，我知道父母賺錢很不容易。而我一下子就被騙去那麼多錢，心疼得直流眼淚。我生怕父母聽出我的顫抖聲，我說：「媽，你們好嗎？我想你們了。有時間我回去看看。」母親在電話那頭，並沒有說什麼，只是讓我照顧好自己。但是第二天我的戶頭裡，多了五千塊錢。他們一定是知道我缺錢了。

　　其實，自己的一句話，父母都當作天大的事情來對待。只是父母的一句話卻成了我們反抗的理由。有時候，我總是能聽見父母對我的責怪，總是回想當時和父母吵架的情景。幾年過去了，我又回來了。

　　後來，母親說，在我上大學的日子裡，父親偷偷落淚了。我想像不出那麼一個大男人落淚的樣子，只是我真的有些心疼，那麼多日子，我在學校和朋友們嘻嘻哈哈地度過。而他卻在背後哭泣。我承認是我過去不懂事了。

　　再後來，妹妹跟我說，母親在每次與我揮手道別之後，都會偷偷地落淚。原來，母親只是裝作堅強，還嘲笑父親呢！

　　我總是在想，要不是多年前我的不懂事，父母也不會蒼老得那麼快。在我畢業回來後，就不會明顯覺得他們已經變老了。我總是在珍惜自己的人生，卻忽略了父母為我而忍痛割愛的人生，那些日日夜夜為我付出的情景就被我無情地拋在腦後。

第三章：
其實我並不是健忘

　　我慶幸自己不是患有失憶症或者是痴呆症的患者，還能夠
在有生之年記得父母對自己的好，還能夠在終將失去的日子裡
記得父母對自己的恩情。不管曾經對我有過責罵還是嗔怪，我
都萬分感謝他們沒有因為我的失敗、怯懦、自私、無情而拋棄
了我。我希望從出生那天開始，所有關於父母的畫面，能不忘
就不忘。

不再遠走

人們常說：「樹欲靜而風不止，子欲養而親不待。」然而，我們從不認為父母會離開我們。也許，我們心中是有著美好願望的，是希望父母延年益壽的。可是，有一天，父母終將離我們遠去，再也不會回來。而我們帶著父母的愛，在人生的道路上越走越遠，有時偶爾會想起父母對自己的好，強忍著哭泣，只是怕模糊了過去。

每當太陽升起，社區門口便會出現一位修鞋匠，不管是夏天的烈日炎炎，還是冬天寒冷簌簌，他都會準時出現在這裡。他的技術一流，生活水準卻不高。我去他那兒修過兩次鞋，配過一次鑰匙，每次都能看見他穿著那件暗灰色的，洗不出來的襯衫，戴著一副老式眼鏡。他很健談，總是和大家說說笑笑，認識他的人都說他心地善良，是個好人。聽說他經常幫助孤獨老人免費修補鞋，雖然他自己賺得也不多，但總是不好意思要這些人的錢。

來過幾次，我大概也了解這位修鞋匠的家境。他說，妻子早些年去世了，自己一直靠著賺點小錢過日子，生活算不上好，但是不會做其他的事情，又不懂得人情世故，所以就安守本分地在這兒修鞋、配鑰匙。

我笑著問道：「那你為什麼不再娶個妻子呢？那樣不就可以給你生個兒子，幫你打理打理家庭了？」

第三章：
其實我並不是健忘

　　他好像聽到什麼禁語的樣子，健談的他立即閉了嘴，我也就沒好意思再說些什麼。過了一會兒，他把鞋修好了遞給我，然後拿出了一根煙，點著了。

　　我回到家裡，越想越覺得他肯定有什麼難言之隱，而我又不知原因地觸動了他，讓他想起了傷心的往事。於是，趁著傍晚買菜的功夫，我買了些水果又去了他的攤位。

　　他一見到我，立刻就站了起來，對我說：「妳又來修鞋？」好像下午的事情從沒發生過。可是他不說，我不能裝作不知道，我對他說：「我看您這整天也不容易，正好那邊的水果便宜，我買了一些給您。還有就是，下午的時候，可能提起了您的傷心事，特來道歉的。」我的話說得誠懇，也略表了心意，他也沒說什麼，就讓我坐在平時修鞋的小板凳上。

　　由於是傍晚，幾乎沒有人再來修鞋或者配鑰匙了，他索性也坐下來，拿出一根煙，邊抽邊給我講述他的家事：「妹妹，我下午的時候也有點失態了。其實，我是不願意提起我家那兒子。他……他被我送人了。」

　　我吃驚地看著他，一時之間不知道說些什麼好。他又繼續說道：「我有那麼一個兒子，前年被我送人了。那年冬天，我帶著他出來工作，一個沒留神他就被人家孩子欺負了。他大哭著跑來對我說：『爸，他們說我是修鞋匠的兒子，是討飯的、沒媽養的孩子。憑什麼我就得被人罵？憑什麼他們的生活都比我好？』我當時就愣住了，趕緊抱起他就回家了。」

　　其實，他的眼睛裡開始泛起淚花，只是盡力控制著，假裝
講述的是別人家的事情：「回家的路上我就想啊，如果孩子有媽
媽，也許就不會這樣受苦了，最起碼吃穿跟得上，而我一個人
又沒什麼本事。根本給不了他好生活，還不如把他送走，趁著
還小，他也不懂什麼。回家之後，我就跟他說了我的想法，他
竟然一口答應了。看來，這樣的生活確實是折磨。」感嘆世間
所有的親情啊，無情的總是兒女。

　　他說：「兒子走後，他就不敢提起這件事情，因為這是永遠
的傷痛。我總是偷偷地跑去兒子的學校接他，總是忘了他去了
其他城市。也許，再過一段時間他就忘記我了吧。」

　　說實話，我真的只有聽著的份，不知道該說什麼。他一根
一根地抽菸，我卻無法安慰他。直到天色已晚，我提出要回
家，他還在那裡菸一根一根地抽。我知道，他永遠也無法忘記
自己對生活的無可奈何，也無法忘記自己對兒子的想念。只是
他不說，心中並不是不想。

　　我時常傾聽別人的訴說，並不是我喜歡聽些八卦故事，而
是我知道，他們是渴望傾訴的。那些藏於心底的傷痛是毒，總
要有解藥為他們解救。

　　世間的悲歡離合從來就不是由人們選擇，臨走的那一刻，
我知道，他不光是一位整天在門口修鞋的匠人，還是一位飽受思
念之苦的父親，還是一位悲歡離合的主角。只是他的兒子還不知
道，在這個世界上，有些愛無法用金錢買到，有些路不該遠走。

第三章：
其實我並不是健忘

　　也許，終有一天，他的兒子會凱旋歸來，對他說：「爸，
這麼多年，我也一直飽嘗思念之苦，只是為了能讓您過上好日
子，才拚命努力。從今以後，不再遠走。」

天使已老去

　　人們常說，愛一個人就要愛他的全部。那麼，這個世界上，最愛我的人，一定就是我的父母。當我還不懂事的時候，常常又哭又鬧，晚上不睡覺，白天還亂跑。可是，父母呢，一直守護在自己的身邊，不管我是鼻涕抹了一臉，還是口水流了一片，他們毫無怨言地為我們擦拭乾淨，並且還會親暱地親著我的臉蛋，一陣喜愛。

　　現在想想，真的不可思議，如果這要換成是我父母鼻涕抹了一臉，口水流了一片，我該是一副怎樣的表情呀？如果他們晚上需要人照顧卻不睡覺，如果他們需要人跟著卻在白天亂跑，那麼我一定滿嘴抱怨。

　　可是，父母的愛果真偉大，他們愛我是無怨無悔的，是帶著喜悅的。而我又為他們做了些什麼呢？母親最近一直在說一個話題，雖說從她嘴裡說出來想一句笑談，但我知道，在她的心中是介意了。她說：「現在你們誰也不願意和我在一張床睡了啊，從前都說離不開媽媽，現在恨不得離媽媽遠遠的。這簡直是人類最大的背叛啊！」我和妹妹在一旁聽著，當作笑話，大家嘻嘻哈哈中也難免體會到一種人類成長的無奈。

　　是的，我們在不知不覺中長大了，有了獨立生存的能力，就把母親忘了。雖然嘴上總說要疼愛父母，可是又有誰真正做到了呢？我們覺得好好上大學，找個好工作，努力賺錢就是對

父母的報恩，想著以後給父母買最貴的衣服，吃最貴的飯菜。這真的是我們報答父母的方式嗎？

一位朋友對我講過這樣一件事情，讓我感觸太深刻了。他說，人這一輩子，要是活明白了，就算是有價值，否則有多少錢也是白搭。他說，過去有一個人曾一句話點醒了他。朋友老家遠在蘭嶼，孤身一人來到臺北上班，為的就是不辜負父母對他的期望。從某種意義上講，他也是個孝順的小孩。有一天，他在公司上班，遇到一位老主管。因為中午休息，也不太忙，就聊了幾句。

老主管問他：「年輕人，工作忙吧？」朋友點了點頭，領導又問了一些關於他是哪裡人之類的一些私人問題。老主管忽然想起了什麼，問道：「年輕人，家裡父母幾歲了？ 家裡幾個兄弟姐妹？」朋友如實回答：「母親六十，父親六十五，家裡還有個大哥。」

「那你多久回一趟家？」老主管問。

「差不多一年回去一次吧，這邊工作也挺忙的，抽不開時間。」朋友自認為很愛父母，一年回家一次，在他們公司也算是孝順的了，還有的三年都不回家。

老主管又問了：「那你父母身體可好？ 再活二十五年差不多吧？」

「怎麼可能啊？ 父母身體一般吧，估計二十年差不多吧。」朋友沒有想到老主管這麼八卦，連這種問題都問。

老主管又問了一句：「那你不就還能見你父母二十面嗎？」

朋友萬萬沒有想到，老主管會這麼說，而之所以驚訝，最主要的就是自己從來沒有想過這個問題。二十次的機會，什麼概念？我們成長的前二十年，父母可是對我們形影不離、無微不至地照顧著，而同樣的二十年，我們對父母的恩情卻報以這種態度，怎麼好意思說自己孝順？難道他們僅僅需要的是金錢嗎？

一個孩子的初長成是多麼的不容易，我們的一聲呼喊，父母就站在了我們的面前，而父母的數聲呼喚也換不來我們的一次珍惜。我們又怎麼好意思說自己是孝順的孩子？

如今，我總是喜歡回家住，而不是在外面圖清淨。有人說，每次回家，父母都會準備好多的飯菜，怕他們累著，沒有好好休息。其實，我們不回家的日子，他們一樣擔心我們，而擺出一副吃飯菜的架勢，也無非是想表達一下對我們的想念。

他們都是老去的天使，把新生的翅膀給了我們。我們可以越飛越高，而他們卻再也不能飛翔。有一天，他們終究會老去，成了普通的老人。我們不會再想起他們曾經是一位偉大的天使，曾經為這個世界創造過奇蹟。

而我們，也對自己是天使的事情，毫不知情，但是總有一天，弱小的孩子會站在廚房門口看著正在忙碌的你說：「你是不是天使？」

再抱一次

　　如果你擁抱過自己的朋友，擁抱過自己的愛人，卻沒有擁抱過自己的父母，那麼你依然沒資格說自己愛父母。

　　我們總是以為，只要給父母足夠的物質生活就可以盡孝。我們總是以為，只要把愛給自己的愛人和孩子就可以讓父母安心。我們總是以為，只要自己的努力得到認可就可以被認同。可是我們忘了，父母也是希望我們去關愛的。

　　雪小禪寫過一篇文章〈抱一抱母親〉，裡面那個他一直和母親隔得很遠，他以為自己長大了，以為自己娶妻生子，工作繁忙就可以光明正大地不去看自己的母親了。

　　但是，他的母親病倒了。從醫生的語氣中，他得知母親的病很嚴重，需要住院治療一段時間。母親看起來十分憔悴，卻依然囑咐他要多照顧身體。他是家裡的獨生子，父親去世得早，母親現在最需要他了。儘管他的生意正處上升期，每耽誤一天可能會損失很多錢，但是責任心強的他選擇留在母親的身邊。

　　母親已經虛弱到不能走路了，為了進行各式各樣的治療，他只好把母親抱起來放在輪椅上，然後再把母親放到檢查臺上。那是他第一次抱起母親，而在那一剎那，他突然就很想落淚。

　　他經常抱自己的兒子，也經常抱自己的妻子，卻從來沒有抱過母親。而他根本沒有想到，母親竟然非常輕，就連身上的骨頭都能弄痛他。他以為那個一直守護著他的母親還有著厚實的身軀，還是那個為他擋風遮雨的母親，卻不想母親也有衰老的一天，也有需要他的一天。

　　母親卻在這個時候驚慌失措，她大呼：「你抱得動我嗎？你就把我一點點挪過去就行。」他的心顫抖著，兒子和妻子只會更愛他，卻從不擔心他會不會累。他看到母親的眼角泛著淚水，他才知道母親也喜歡被抱。

　　一個月的時間裡，他整天抱著母親穿梭在醫院的各個部門，再也不想藉口離開或者逃離。他從未這樣近距離地接觸過母親，也從未這樣近距離地感受過母親所需要的愛。他開始覺得母親也是個老小孩，直到母親漸漸康復。

　　他終於明白這場疾病是為他而生，儘管痛在母親身上，同樣痛在他的心裡。他回到家裡的第一個動作就是擁抱母親，然後才擁抱自己的妻兒。文章的結尾說：「如果母親仍然健在，那麼，請擁抱自己的母親吧。」

　　其實，我也從未意識到父母是如此渴望被愛，而並非一味地付出。在每次回家的時候，父母總是在客廳等待著自己，並不是他們非要這樣做不可，而是希望孩子能給自己一個安慰，不管是擁抱也好，牽手也好，即便是僅僅一個微笑。他們都不會覺得自己委屈了一生。

第三章：
其實我並不是健忘

　　那一年，為了追求學校裡的男生，我花了兩週時間織了一條圍巾。在他生日的夜晚，我幸福地把圍巾戴在他的脖子上，他說不喜歡。我拿著圍巾，呆呆地站在路旁，心都涼了。然而，父親看到之後，還以為那是織給他的，高興得滿是笑容。這樣的小事一直在身邊，而我們從來就只是選擇忽略。

　　我們不知道，總有那麼一個人默默地為你付出。而這種愛，也會漸漸消失。所以趁著父母都還安好，一定要從實際行動中「再抱一次」他們。讓他們別覺得自己一生一世的付出是委屈。

第四章：
我們都忘了愛自己

　　為了能夠從眾人之中享受被選中的喜悅，我曾痛心地將童年時代、少年時代、青少年時代全都送給了學校。儘管道路難行，可是我也拋下許許多多的捨不得而不斷前行。但是當我毅然決然地選擇繼續，卻發現有個淺色的自己站在風中不肯搖動。

　　我的人生站在他的身後，我才知道，走過了那麼遙遠的昨天，卻忘了愛自己。他就像個孤獨無助的小孩，我不知道他究竟多久沒開心過了。有時候，自己不是無理取鬧，不是自我沉醉，而是不知道該怎樣心止如水。

　　請你不要哭泣，我答應你，在未來的歲月中，讓你走在前方，為我指明路航。但是，你也一定要答應我，不要再煩惱。

我們都忘了愛自己

有時候，我們都忘了愛自己。

如果有一天，我們成功地住進了夢寐以求的花園複式別墅，我們成功地牽住了心愛的人的手，我們成功地當上了某公司的主管，我們成功地在銀行帳戶裡存入了很多很多錢。

如果有一天，我們成功地擺脫了困擾自己無數個深夜的貧窮，我們成功地從被人嘲笑的牢籠中掙脫，我們成功地從被人踩在腳下奮鬥到高人一等，這是否就是我們想要的幸福？

但是這樣的生活，我們拿什麼換取？我們原本嚮往的生活卻變成了早出晚歸的應酬，我們想停下來，卻根本不可能。因為我們窮怕了，因為我們離不開所謂的成功。家裡僱的保姆，她除了每天做些家務，剩下的時間就是抱著小狗，躺在椅子上晒太陽，偶爾還能打個電話給父母。

不是她取得了成功，才獲得了這樣如此愜意的生活，而是我們，忘記了愛自己，忘記了忙裡偷閒。

有一天，我問朋友：「你最理想的工作是什麼？」本來是希望他能說出「想做老師，因為老師這個職業神聖」，或者「想做記者，因為這個職業具有挑戰性」之類的回答，但是他的回答令我大吃一驚。

第四章：
我們都忘了愛自己

他說：「我的理想工作就是能夠發揮我所能，自由支配時間。一下子接收一年的工作，然後花半年的時間來完成，這樣我就可以賺到雙倍的錢。」

我的第一反應是他很缺錢，竟然能把時間壓縮到一半，一定是非常想賺錢，我問道：「下半年再找份工作吧，多賺點錢。」我的潛意識裡並沒有覺得這樣做有什麼錯，畢竟誰離了錢都活不了，在這個社會裡，如此奮鬥的人也不乏少數。

「當然不是了，我已經用半年的時間賺來了一年的收入，剩下的半年我該好好放鬆，去度假，去旅遊，做點自己想做的事情。」他對我的話竟然表示驚訝，好像對人們怎麼可以把所有的時間都放在賺錢上而感到疑惑。

此時，我們的想法已經不再同一條線上了。我有些可惜那半年的美好時光，難道不應該趁著年輕趕緊奮鬥嗎？我說道：「那可真是遺憾了，半年的時光就那麼浪費掉了！」

「怎麼是浪費？那半年的時光你是可以花錢買來的嗎？這時間是我通過努力賺到的，我就是用來享樂的。這很貴的好不好？」

我的心被震撼了，原來我們一直追求的美好時光並非拚命奮鬥，而是忙裡偷閒。為了那虛無的金錢，連自己的生活和幸福都賭進去，那麼就算有再多的錢又能怎麼樣呢？

有時候，我們只是忘記了愛自己。把所有的時光全都奉獻給了欲望和利益，一刻也不得閒，最終困苦的還是自己。

我不是無理取鬧

在我還尚未有所感悟的時候，我真的不是無理取鬧，我只是發現，人越成長，越明白為什麼很多人喜歡獨處，喜歡沉默。

最近，我在某個領域取得了些許的成就，滿懷欣喜地告訴身邊每一位朋友。可是得到的答案卻不是我想要的。

當我對他們講述我的成果時，他們連看也不看，甚至都不問名字，卻問你因此獲得了多少利益，贏得了什麼東西。

為什麼自己越來越覺得孤單？為什麼朋友漸漸遙遠？是我們變了嗎？還是世界變了？我對著他們發來的消息一頓指責，他們茫然，變得不知道我需要什麼，而我也不能讓他們體會到我的需求。

其實，人就是虛偽而勢利的動物，你只要有錢，有權，有名，他們就靠近你。你什麼都沒有，努力又如何？付出又如何？在他們看來，你知道做了一件毫無價值，浪費生命的一件事。

我不是無理取鬧，我只是希望有個人突然問我一句，「有進步哦」、「再加油點，你會贏的」。可是，沒人會這樣說，因為這些，無關他們的利益。

我不是無理取鬧，才去指責他們的世俗，我也知道他們是為了我好，可是，我要怎麼去放下在乎別人看法的眼睛？

每個人都有成功和失敗，失敗者以為只要成功了，就可以

第四章：
我們都忘了愛自己

迎接幸福和快樂，只有成功者才知道，過去從未體會過的痛苦依舊撲面而來。成功者以為只要失敗了，就可以迎接新一輪的重生，只有失敗者才知道，那種前所未有的挫敗會讓人魂飛魄散。

我不是無理取鬧才對親朋好友表示苦惱，我並非過得不好，只是心中滿腔的感情找不到人傾訴，想說的話語在心沉甸甸的，背上的十字架已經超負荷了。

終於明白了，要想過得幸福，只有首先放過自己。其實，親朋好友都沒有錯，錯的是自己。錯在自己把他們的意思扭曲，把他們的眼神放大，把心中最害怕被觸及的地方公諸於世。

我們都是無法擺脫命運枷鎖的人們，都在乎別人的看法和對自己的嘲笑。於是，我們很多人都走不好自己人生路，很多人從自己的道路走上了歧途。

我們應該愛自己，所以也應該最在乎自己的看法。如果連自己都不開心，那麼別人看著開心又能怎麼樣呢？有時候，我們並不是無理取鬧，而是太在意身邊的目光，卻忘記了愛自己。如果，世界都與你為敵，又怎麼辦？

自我吹噓

　　我們有許多炫耀的資本，很多很多錢，很多很多證書，很多很多追求。在這個世界上，有些東西卻永遠也不容我們去炫耀。那就是時光和生命。而時光和生命中，最容易逝去的就是自己的家人和一直以來從未想過消失的情感。

　　如果，一個人炫耀自己的工作，炫耀自己的成就，炫耀自己的金錢和地位，卻唯獨不提自己的家庭，那麼他是個失敗者。仔細想一下，就會發現我們忽略過的事物，最多的是家人。

　　時光無時無刻不在催促著，我們為了趕路，早已忘卻了路旁的花朵。我們還年輕時，從未想過為父母做一頓豐盛的飯，當我們驀然回首，卻發現他們已經什麼都吃不下了。我們年輕時，從未想過多抱抱自己的孩子，當我們忽然醒悟，卻發現他們已經長大了，再也抱不動了。也許，溫和的風正暗自送走時光，有什麼東西正在悄悄的消逝。而不知真相的我們，還在自我吹噓。

　　徐瀟瀟成為公司主管是一個月前的事情，這也是同事預料當中的，往日裡徐瀟瀟善於交朋友，不管是工作圈子內的人，還是業餘愛好圈內的人，他都認識不少。他經常這樣對朋友吹噓：「有事就找我，我認識的朋友多，有什麼需要幫忙的，儘管開口。」

其實，在外交際，最需要這樣仁義的朋友。不但能為自己辦事，還能幫助自己多認識一些人。要不是一件小事，朋友們眼中的徐瀟瀟應該還是那麼重情重義的吧。

那天，下著毛毛小雨，徐瀟瀟正在辦公室打著電話，催促著一單生意。小趙助理敲門，告訴他，門口有一位老先生，說一定要見徐瀟瀟。要知道，在他們公司能當上主管，那都是有頭有臉的人物，徐瀟瀟就納悶了，自己什麼時候和老先生有聯繫了？

他帶著滿心的疑惑，走出了辦公室，果然，樓下有一位穿著破舊大衣的老先生蹲在那裡，他隨小趙走過去禮貌地詢問，當他看到老先生的模樣，愣了一下問道：「大叔，您有什麼事情嗎？」

那位老先生也愣了一下，回答：「沒，沒什麼事情，就是……」老先生顯得有些不知所措，但是看了一眼小趙，把想說的話又吞了回去。

徐瀟瀟讓小趙把自己的錢包拿來，趁小趙離開之際，只聽徐瀟瀟鬼鬼祟祟地和老先生說：「爸，我不是讓你別來這裡嗎？你要是缺錢了，打電話給我寄過去給你不就得了嗎？」

那位老先生尷尬地說：「兒子啊，你媽媽想你了，非得讓我來看看你，現在看你生活得不錯，我和你媽也就放心了，你要保重身體呀，有空了回家看看。這是你媽要我帶的包子，你媽說你最喜歡吃這個。」

　　小趙回來後，徐瀟瀟把錢包裡的現金和一張卡給了那位老先生。老先生只說：「給你添麻煩了。」就離開了。看得出來，大爺帶著大包袱，顯然是坐了很久的車才趕到這裡。敏感的小趙發現徐瀟瀟看老先生的眼神有些不對，又看到了徐瀟瀟手中拿著一個袋子。心想，這件事不簡單。

　　隨著小趙的多番打聽，得知那天來公司的人正是徐瀟瀟的父親，由於主管的身分，他覺得父母已經成為自己生活上的絆腳石，乾脆不再向別人提起自己的家庭。為了讓別人以為他的家庭是有頭有臉的，還鼓吹自己多麼有本事，甚至自我吹噓有多麼富有。

　　其實，無論是誰，都會落葉歸根。不管你在大樹的頂端多麼招搖，多麼茂盛，大樹都永遠是你的靈魂。如果，你認為自己可以掙脫大樹變成一朵花，那麼基本上是不可能的事情。如果你想變得有身分有地位，就必須好好呵護這棵大樹，使它成為百年老樹，永垂千古，讓子孫後代都茂盛。而不是單純羨慕別人是一朵美麗的花朵，不論你怎麼吹噓也還是綠葉。

心如止水

朋友去了日本，當了日本某家公司的工程師。今天和她聊天的時候，聊到了日本的生活環境，她說自從踏上那片土地，就不想回來了。她打算明年申請在日本定居，然後讓男朋友也過去。

說實話，我是有嫉妒心的。畢竟在這麼一個充滿競爭的社會中，誰都希望自己是最好過的那個。過去，我一直想去日本走一走，並不是有多喜歡那個國家，而是喜歡那裡的櫻花和動漫。

也許是她先行一步的優越，她的話語充滿了輕鬆，而我則依舊沉重。我是放不開的，可能並不僅僅因為她能賺多少錢，而是因為曾經在我身邊的人，一下子出了國。

中午的時候，我和朋友聊起了這件事，他告訴我要心如止水。我反問道：「如何心如止水？」

他說，優秀的人太多了，如果你誰都嫉妒，誰都想超越，最後還是一事無成，還不如做好自己，在自己的道路上贏得勝利，那麼不該是值得快樂的嗎？所以，讓自己心如止水，不被外界所干擾。

最近，我接觸了許多淡泊名利的故事，大部分都在說，人們其實不該為世俗所困擾，如果把金錢、情慾、利益都放下，苦惱也就放下了。那麼，再巨大的魔鬼也難以侵入我們的內心。

可是，我突然發現，自己還是會為了瑣事而困惑，竟然還會為了朋友生活得不錯而審視自己。我又困惑了，這次的困惑不是來自對未來的迷茫和對當下的不滿，而是迷惑我竟不能控制自己的內心，不能做到心如止水。

我發現，即便是勸我放下一切的朋友，也會因為工作上的不順利而愁眉不展，也許，勸解別人的時候，總是振振有詞，而輪到自己又是另一件事。

迎著月光，我走在回家的路上，依然在捉摸這件事情，如何能做到「一切皆空」？我的腦海中蹦出許多個字句：「看山是山時，看水是水，看山不是山時，看水也不是水」、「放下一切，四大皆空」、「承認自己的修行，內心的修行不欠缺」。我搖了搖頭，所有的事情都想不明白。

經過我絞盡腦汁的思考，終於得到了一個結論：千萬不要一上來就對這個世界淡然處之，因為你根本就不可能無欲無求。只有等你什麼都真正擁有過，再放棄一切，才能達到真正的心如止水。這就是所謂的「拿得起，放得下」。而我，尚未拿起，又何談放下。

明白了這些，我又開始審視自己的人生。我想，不該從一開始就對萬物無動於衷，既然做不到對旁人的生活熟視無睹，那麼還不如一鼓作氣，為了自己的「嫉妒之心」爭取點什麼。

真正的心如止水，是不再屑於和別人爭論是非，不再和別人一決高下，你不爭不吵，別人就會自覺卑微，是從靈魂深處

散發出來的釋懷。倘若做不到，還不如勇敢地去打拚，讓內心的水沸騰，再慢慢昇華成境界。所謂境界，還是心如止水。

　　既然，我還充滿對生活，對朋友的各種挑戰，那麼我又幹嘛抑制自己的能量呢？人本來就是獸性動物，是需要競爭的動物，是理性與感性並存的動物。一味地爭取、搶奪是不智之舉，一味地追求心如止水，更是虐待自己的表現。

　　如果有機會，我一定要告訴所有的朋友，我們所說的心如止水只不過是安慰自己的把戲，既然這樣，就不要蒙蔽住雙眼，倒不如奮力追求，也許，有一天，我們就能真正談論心如止水了。

重複這個故事

在西部城市，曾經住著一位貌美如花的女子。她總是抱怨自己無所事事，覺得自己是一個無法實現夢想的人。

年輕的時候，也有很多人追求過她，可是她的夢想是嫁給一位瀟灑帥氣的紳士，所以拒絕了追求她的人。女孩整天都憧憬著那位心中的王子會騎著馬來娶她，可是日子一天天過去了，身邊的朋友先後都成家了，自己卻始終沒有嫁出去。眼看著自己都已經三十多歲了，她開始變得焦躁不安，由於早先她拒絕了許多人，現在連一個追求她的人也沒有。

經過多番思考，女子決定上山拜訪當地有名的大師，希望能得到一些啟示。一個下過雨的午後，女子決定趁著涼快上山尋找那位大師。兩人相見之後，大師仔細打量著女子，她哀怨的眼神、深沉的聲音、毫無生氣的臉龐都讓人們難以接受。大師沉思了許久，之後問她：「小姐，妳可以幫我一個忙嗎？如果妳可以幫我做這些事情，那麼我會感激不盡的！」

姑娘不知道大師究竟要做什麼，但還是將信將疑地答應了下來。

原來，經常上山朝拜的人們自發組建了一個慈善機構，在離寺廟不願的地方，每天都需要人去打理，那裡還生活著一些流浪兒童和孤寡老人。大師對女子說：「小姐，這個慈善機構需要妳去幫忙，妳願意花費一週的時間來奉獻給流浪兒童和孤寡

老人嗎？」女子儘管總是怨聲載道，卻是個心地善良的人。她沒有猶豫，直接答應了下來。

　　一週很快就過去了，女子又來拜訪這位大師，身邊還跟著一位男士，她面帶微笑地對大師說：「大師，這一週過得真快啊。非常感謝你讓我遇到了生命中最重要的那個人。」女子說著，還不時地向那位男子看去。

　　「緣分到了，一切都不需要強求。這一週的時間讓妳學到了什麼？」大師笑著問道。

　　「大師，我終於明白我之前怎麼總是遇不到好事情了。過去，我太執著於自己的悲苦，而從未想像過別人的命運還不如我。這次，我認識了很多人，更加懂得了要珍惜自己的生活。還有，我在幫助他們的同時，不自覺地喜歡笑了。過去，很多人都問我為什麼總是愁眉苦臉，我只是回答又沒有什麼高興的事情，有什麼可笑的。但是現在我覺得只要微笑地面對人生，才能得到人生所贈與的恩惠。大師您看，或許是我想明白了，連對象都找到了。」

　　大師說：「很好，祝福你們。」

　　其實，我們每個人都像這位女子，明明自己貌美如花，卻怨聲載道，結果讓人敬而遠之。我們總是重複著這樣的故事，為了能讓自己過上更好的生活。其實，我們只是忘記了給世界一個微笑，忘記了給別人一個微笑，忘記了給自己一個微笑。

　　其實，沒有幾個人生活得真正比自己好，如果我們看不得

別人幸福，或者總覺得自己不幸福，那是不放過自己，那是自尋煩惱。因為總是在重複愛自己，所以一定要給自己一個像樣的微笑。

生命要繼續

如果我們不能挽留住什麼，那麼還請繼續生活。因為生命在繼續。也許，我們會遇到一位讓自己念念不忘的情人，會因為事業上的挫敗而精神疲憊，會苦惱自己身處逆境無法翻身，可是我們的生活還是會繼續。

有一位女孩，她愛上一位男子，希望可以和他相守一輩子。在女孩的眼裡，男子就是完美無缺的真命天子。然而，當她為了這位真命天子放棄高薪的工作，富裕的生活打算跟隨這位命中天子遠走高飛時，卻意外得知，這位真命天子是個騙子。

男子有老婆和孩子，家庭條件十分優越。在女孩的逼問下，男子說出了真相。原來男子是看上了女孩年輕貌美，而且才華橫溢。他只是本著占便宜的心態和女孩住在了一起，而並不是想許女孩一生幸福。女孩傷心欲絕，放棄了所有生活中的機遇，成天活在過去。見過她的朋友都希望她能走出陰影，可是她看不開，雖說曾經也是聰明智慧的資優生，卻在情感的死巷裡不肯出來。

其實，不光是愛情，在我們的生活當中，有太多事讓我們陷入死巷。如果，她能夠堅強地面對這次感情的挫敗，也許現在已經是事業中的女強人。況且親朋好友根本不會因為她過去的事情而嫌棄她。

說到底還是不肯放過自己，苦惱的是自己，那個男子早就把她拋到腦後，指不定又和哪位美女糾纏在一起。也許，再過

一陣子，男子都不記得她的名字，也想不起她的樣子。而她還依然徒勞無功地等待他能夠回來。

她說，他是她見過最好的男子，是她一直苦苦尋找的良緣，是應該為此苦戀的愛情。她覺得自己這樣愛下去是偉大的犧牲，是為了下世或者下半輩子的幸福而做交換。多麼可笑的話語，我們都不知道自己明日的道路在何方，卻要為了一位不值得愛的人許下了下半生。

人的一生會下很多賭注，運氣好的人就多贏一點，運氣不好的人就輸光了。除非拿生命去賭博，否則不管輸還是贏，只要生命還在，我們都可以換回本錢再重來一遭。倘若我們為了已經丟失的愛和損失苦惱，永遠也不會迎來贏的機會。

只要我們保持身心愉快，身體健康，那麼不管四季何時開花，我們一定會成為絢爛的花朵！如果生命都不再繼續，我們就沒有翻身的機會，但我們的生命還在繼續，而我們放棄了這樣貴重的機會，最對不起的人就是我們自己。

一棵大樹，一面接受太陽，一面暗藏蔭涼。人這一輩子也不可能永遠朝著陽光，總會有太陽轉動或者陰天的情況出現。可是我們不能把它看作是世界末日。這只是一次天氣變更，往後還會是晴天。

說過太多的坎坷和悲劇，我也不知道未來的道路是不是比想像中美好，但既然未來還沒有來到，就不能再虛構出坎坷來欺騙自己脆弱的心靈。過去的終將過去，說不定未來就有了美好。

大智若愚

我們總是覺得自己不夠聰明，總是被別人算計。其實，如果不是我們太過於表現自己，又怎麼會成為別人的目標呢？如果你有足夠的實力，又何須去到處招搖呢？有一句俗語叫「大智若愚」。

只有讓別人永遠看不清自己，才算真正的贏家。所以，我們所努力的事情並非是如何打敗別人，而是增強自己的能力，隱藏自己的實力。越是好的東西，越應該隱藏起來，比如金錢，比如智慧和實力。

古代沒有網路，沒有手機，那麼人們都玩什麼呢？這些帝王將相吃飽喝足了很無聊，便讓大臣想個法子來消磨時光。

有個大臣十分聰明，他提出，公雞天生好鬥，不如讓兩隻雞來打架。這個方法立刻被批准了。

春秋戰國時期，當時楚國的國王非常喜歡鬥雞，他自己也養了不少鬥雞，但和大臣們的一比，還是總失敗。他是大王，面子當然掛不住。於是他就去請教某位大臣，大臣建議楚王招募一個專門馴養鬥雞的能手。

得知招募的消息，當地有名的馴養鬥雞的能手前來拜訪楚王。楚王把自己的公雞交給他就離開了。十五天之後，楚王迫不及待地催問他：「我的鬥雞馴養成了嗎？」

馴養人回道：「當然還不可以，這隻雞現在沒什麼本事卻非

常驕傲，仗著自己的傲氣，總是想欺負別的公雞。」

過了半個月，楚王又來催問：「現在行了嗎？」

馴養人又說：「還不行呢，牠聽到其他公雞的叫聲，見到其他公雞的影子，他的反應太激烈，而且反應非常迅速。」

楚王大喜，問道：「反應迅速不是很好嘛？正好幫我教訓他們的公雞！」

馴養人說：「當然不行了，牠反應迅速說明它的求勝心切，火氣還未消除呢！」

楚王失望而歸，好不容易忍了半個月，他又來追問：「現在總行了吧？」

馴養人說：「可以了，現在無論遇到什麼情況，牠都會不慌不忙，一副呆頭呆腦的樣子，就好像木雞一樣。其實牠早已具備了鬥雞的條件，別的雞向牠叫囂挑釁，牠就跟沒聽見似的。」

楚王疑惑地問：「那我又怎麼讓牠去打架呢？都成木雞了還怎麼玩？」

馴養人說：「大王有所不知，牠現在神情自若，別的公雞根本看不出牠的內心是怎麼樣的，看了牠的模樣，沒有雞敢和牠鬥架了，見到牠就會逃跑呢！」楚王把這隻公雞帶到鬥雞場上，果然逢鬥必勝。

那隻大公雞不正是自己嗎？開始的時候，我們遇見什麼事情都喜歡衝到前面，也不管自己幾斤幾兩，反正「初生之犢不怕虎」。結果，多次磨練終於有了一些本事，卻禁不住挑釁，對

別人不依不饒，最後還是被別人算計。

充滿智慧的人往往心胸豁達、坦蕩豁達，遇事淡定自如，明辨是非。而正是因為他們的這種大智慧，才使我們不敢對他們輕舉妄動。有時候，成功地戰勝別人的方式並不一定是硬碰硬，而是以柔化剛，以德報怨。

而一些自以為聰明的人，見不得自己吃點虧，也不讓別人占點便宜。他們幾乎無孔不入，咄咄逼人。結果最後，還是什麼好處都沒占著，還落得一個小人的名。那些真正有城府的人根本不會讓你看出來，他的想法和打算。你以為他是個愚笨的人，卻不知道人家時時刻刻在做打算。

我們要是愛自己，就不能逞強去和別人正面較量，而是多學習，多思考。當我們發現自己為了小事而耿耿於懷的時候，一定要告誡自己。千萬別因為一點小利而失去自我。

安她半世鳳凰巢

她是薛家大小姐薛湘靈，也曾挑剔嫁妝的不完美，也曾嫌棄僕人的照顧不周到，可是她終究是做了讓世代歌頌的贈囊之人。

我偶然想起了這位活在戲中的人物，便感嘆世間造化弄人。那年的登州富戶薛湘靈一家也過著貴族的生活。這位驕矜小姐也是挑剔刻薄的人兒一枚。按照當地的習俗，嫁女要送鎖麟囊，內墜珠寶。

婚期將至，花轎內的她心懷欣喜，滿面紅光。忽遇大雨，娶親隊伍只好在春秋亭暫且躲避。又來一花轎，新娘是貧女趙守貞，轎中的她啼哭嚎啕。湘靈此時卻又明白了，「我正富足她正少，她為飢寒我為嬌。」

湘靈吩咐梅香把鎖麟囊贈與趙守貞，不報姓名，不誇富豪。也許這場雨就是為了促成兩人的緣分，忽落又忽停，各自離去。

六年後，登州遇大水，沖散了家人，湘靈無依無靠，獨自漂泊來到萊州，被當地紳士盧勝籌聘為盧子保姆。湘靈陪伴盧子在院中遊戲，忽然百感交集，想起當年自己也是那般嬌生慣養，也曾施囊於人，如今卻落得如此下場。正當湘靈思緒飄渺之際，盧子拋一球入了盧家禁地。盧夫人有禁例，誰也不許進入樓中。湘靈恍惚間闖入樓中為盧子取球，卻見到自己當日贈

人的鎖麟囊被供奉在案臺上，不自覺地留下了眼淚。

原來，盧夫人就是當年的趙守貞，在得知湘靈就是那個贈囊人，把她待為上賓，並且幫助她找回了自己的家人。

儘管「人情冷暖憑天造，誰能移動他半分毫」，可是如果薛湘靈當年袖手旁觀，又怎麼會在六年之後得到盧夫人的相助呢？說到底還是薛湘靈自己救了自己。

我們總是喜歡活在優越的生活環境中，但命運的安排自有定數，說不定什麼時候就會被生活所迫嚎啕哭泣，如果身邊的人對我們亂解嘲，我們是否會開心？

不是我們每個人都要為以後悲慘的命運提前找救命金牌，而是生在世界上的人都應該是同病相憐的人，你過得好了，他過不好的時候你就要慷慨解囊，如果他過得好，你過得不好，如果他的善心未滅，也同樣會幫助你。

但是我們不要認為，所有的付出都是有回報的，只能說你的付出說不定在什麼時候就會回報給你。莫不要把自己所做的事情都記錄下來，非要看看自己的善行得到了什麼樣的回報。如果我們為了得到而去付出，那不叫善良，也不叫品德高尚，而叫生意當中的交換，是沒有恩情在裡面的。

不是自己得不到什麼，而是自己付出得太少，從而無法得到什麼。只有給予別人最好的東西，自己才有可能得到意想不到的收穫。凡事要做到心中無愧，要做到正氣浩然。當別人有困難的時候，「分我一枝珊瑚寶，安她半世鳳凰巢」又何妨？

安心睡眠

躺在床上輾轉反側,睡不著覺。這種疾病在現在的社會當中稱作「通病」。不只我一個人患有這種病,而是大部分的年輕人都存在。

「我的寶貝,祝你每天都好眠。」歌裡是這樣唱的。我就發笑,心想:「累了自然就睡了,有什麼好不好眠的?」但當我大半夜還躺在床上睡不著的時候,這種祝福就顯得尤為重要。

小的時候,父母會拍打著自己的身子,哄著自己睡著。而現在呢?愛睡不睡,沒人管你。其實,我不是睡不著,而是寧可睜著眼睛看著時間一分一秒地過去,就是不想閉眼睛睡覺。我已經很累了,卻依然不想睡著。是怕我睡著之後被害麼?是怕我睡著之後做噩夢嗎?是怕我睡著之後時間轉眼又過去了嗎?都不是,我的不安不是來自於這些,說不清楚,就是不想睡。

古人常說:「日出而作,日落而息。」但現在是「晚上不想睡,早上不想起」。完全和自然規律唱了反調,如此反覆,我的身體肯定要吃不消了。

皮膚變得越來越差,精神變得越來越差,工作效率變得越來越差,記憶力變得越來越差。這不是提前進入老年狀態嗎?我是一邊著急,一邊繼續晚睡晚起,要不是還需要工作,恐怕我的日夜都要顛倒了。

第四章：
我們都忘了愛自己

　　尤其是週五的晚上，深知週六不需要早起，明知道自己累得直打哈欠了，還是打起精神看個電影，或者看一下書，就是不睡。這不是折磨自己嗎？而這種現象又不是我一個人存在，難道現在大部分的人都開始折磨自己了？

　　有人說，身體是革命的本錢，沒了身體什麼都沒有意義。所以，我開始約束自己一定要好好休息。

　　每個人都只有二十四小時，我們是否該留出三分之一的時間給睡眠？其實，無可厚非。有些人認為睡眠時間過長，把可以奮鬥的時間都浪費在睡眠上豈不是暴殄天物？還不如趁著別人睡覺的時間去做一番大事業。可即便我們醒著，有幾個在真正地奮鬥？

　　就算真的在奮鬥，在為了第二天的工作而準備著。但我們是打敗不了生理規律的，第二天白天就等著打瞌睡吧！與其第二天上班的時候打瞌睡，為什麼前一天晚上非要熬夜呢？難道「熬夜等於自殺」這句話已經對我們沒有作用了嗎？

　　我嘗試著強迫自己早早入睡，儘管這有點不合常理，但這已經成為普遍現象。第一天，我很早睡，第二天早上起床的時候依然很困難，但是一天之中幾乎沒打瞌睡。第二天晚上我依舊很早睡，第三天很自然的就起床了，白天的時候精神相對別人好很多。第三天還是睡得很早，第四天早上起床之後，我的心情十分愉快，不但工作效率高，反應也變快了，記憶力也很好。身邊的同事都以為我有什麼好事，其實只是睡了個好覺。

　　我現在才真正理解「睡得好嗎？」、「晚安」這樣的問候和祝福。原來，是我忽略了生活中微妙的力量，古人早已參透了其中的奧祕才告訴我們「早睡早起，身體好」。

　　況且，在飛速發展的現代社會，睡覺也變得奢侈，沒理由不去珍惜啊！

草木一秋

一說起「草木一秋」就有種淒涼的情感在裡面。最近聽到一則消息，因為事情離我不遠，所以有些傷感。

妹妹所在的學校是本市最好的中學，老師們都想方設法地攀關係，走後門地進這所中學。前一陣子，妹妹她們班歷史老師的老公被調到這所學校來了。這樣，歷史老師和她老公都可以在一個學校教課，一起回家，一起上班，多好的生活啊！

然而，命運總是喜歡開玩笑。歷史老師正在給同學們上課，突然被叫到門外，然後進來的時候就已經泣不成聲了。妹妹說，她們班歷史老師的老公因心肌梗塞猝死在了講臺上。這是多麼尖銳的一把劍呀！就這麼生生地刺在歷史老師的心上。

我們知道「人固有一死」，卻不知道死亡距離自己也曾那麼近。那個心愛的人都可以一聲不響地倒下，還有什麼比死亡更容易打擊一個人？

妹妹說，她們歷史老師都哭暈了。逝者已矣。我們不是草木一秋又是什麼呢？草木還有重來日，我們就沒有再來時了。

其實，我們是沒理由去為別人傷悲的，因為「日薄西山，氣息奄奄，人命危淺，朝不慮夕」。死神也在等待著我們呢！可是我不甘心就那麼突然逝去，留不下一句話，留不下一份想念。

為了不讓自己和家人失望，我們只有好好保重身體，在命運企圖讓我們倒下的時候，能夠站穩了腳跟，把命運交給自己

去掌握。一個風華正茂的年輕人，又有什麼理由被疾病打倒？

　　這件事讓我想起曾經看過的一個故事：女孩和男孩在同一個公司上班，久而久之產生了好感，就私定終身。在一起的三年時光過得真是快啊，轉眼間，男孩已經成為了公司的主力，女孩也成為了公司的梁柱。只是他們沒有結婚。不是他們不想結婚，而是男孩覺得自己應該多奮鬥，讓女孩過上好日子。

　　男孩整天加班，因為責任在身，他帶領的團隊也比其他團隊辛苦，每次都忙到凌晨才回家休息。女孩有時會陪著他加班，有時會給他熬一些滋補的養品。他們的辛苦得到了應有的回報，老闆非常器重男孩。

　　正在男孩風生水起的時候，女孩發現自己懷孕了。她原以為這件事情會讓男孩為難，卻不想男孩高興地向女孩求婚了。

　　在一起七年了，女孩聽到男孩的那聲「嫁給我吧」，頓時淚如泉湧。不知道是激動還是感傷。他們去拍了婚紗照，設計了自己的婚禮和婚紗，老闆還送了十萬塊作為禮金祝福他們。多麼讓人羨慕的一對佳人啊！

　　可是，男孩的事業心很重，非要在結婚之前把專案作出來。結婚之前的兩週時間裡，他幾乎整天整夜的加班，終於在婚禮開始的前一天晚上把所有的專案稿交了上去。男孩倒頭就睡，女孩以為他累了，就沒有叫醒他。誰知道這一睡，就再也沒起來。早上起來的時候，她發現他沒有了呼吸。

　　醫生說，這就是現在流行的死亡疾病──過勞死。女孩後

悔了，要是自己能早些提醒他注意休息，如果自己不那麼倉促地懷孕，如果自己可以細心地照顧他，或許他就不會死去。

可是後悔有什麼用呢？這不是疾病，也不是先天的殘疾，僅僅是疲勞而死，是不是太過荒唐了？我們生活在二十一世紀，不是做苦力的年代，我們有更好的生活水準，卻依然死於疲勞過度？

也許，死亡對於誰來說都是再正常不過的事情了，但我們這樣不珍惜自己的身體，又有什麼理由責怪命運的無情？說到底還是自己對待自己無情啊！

清閒自得

我們很難過上清閒自得的生活，所以那原本簡單的生活就變得無比奢侈。想必很久很久以前，這種迫切想過上清閒自得的生活的人要比現在的人多很多吧！

陶淵明是個田園派詩人，他嚮往大自然，過起了悠然自得的田園生活，才有了「採菊東籬下，悠然見南山」的千古名句。我們都是嚮往他的，卻又無法成為他。

人生對於我們來說，變成了生存，而不是享受。儘管人類存在無數的競爭，但一味地去挑戰而不懂得示弱，一味地打拚而不懂得停歇的人是愚蠢的。網路上有一句名言：「靈魂太快，腳步跟不上了。」

每個生命都如同花朵一樣，有花期，有發芽，有開花，有結果，有衰落。這是生活在地球上的必然規律。然而，如今的我們為了金錢、名利、地位不斷地打拚，從上小學開始，父母就開始託關係找人，為的就是讓自己家的孩子上名校。可是，才國小的孩子，本應是學常識，做遊戲的快樂童年啊，就因為人們的競爭而丟棄了這麼名貴的東西。

如今的孩子，還不到上小學的年紀就已經被父母要求去學習琴棋書畫，甚至已經接受了胎教。他們的人生注定忙忙碌碌，一輩子在努力，爭取能高人一等。

我們起早貪黑地工作，忽視自己的身體，忽視自己的思

想。每個人都想被操縱的木偶，沒有過多的語言。而真正背負在自己身上的就是那些生帶不來死也帶不走的金錢、名利、地位。

人的欲望是無窮的，即便是五岳四瀆的度量也難以阻擋它們的入侵。我們希望比別人更好一些，希望賺得比別人更多一些。所以我們就不斷地努力，因為我們知道，只要努力，就能換來一切自己想要的東西。可是有些東西如同沙漏在無聲無息地流走，誰還管你珍惜不珍惜？

林奇是一家外商的工程師，從原先的小職員奮鬥到如今的地位，讓很多人都羨慕不已。可是對於他來說，離自己的目標還差很遠呢！為了能夠達到自己的目標，他每天除了睡覺和吃飯，其餘的時間都在公司裡。儘管同事也時常好心地提醒他，但是他卻認為，趁著年輕還不多賺錢，升遷嘛！他的任務一般都會提早完成，可是同事們卻從來沒有見他按時下過班。

老總是個外國人，經常在外忙碌，很少來公司。但是漸漸地，老總也聽說了這麼一個人，老總認為，小林是一個精力充沛的人，所以每次都能提前完成任務，是個不可多得的人才。正趕上年前有一個重點專案要做，公司十分看重他，就把這個專案交給了小林。小林覺得這是一個大好的升遷機會，便決定加足馬力衝刺一會。

同事小李見小林每天都頂著個黑眼圈，像個機器一樣在工作，便邀請他去爬山。小林一口便回絕了。小林說：「我還要工

作呢，公司年前就要呢！你們去吧。」小李看到小林一副執迷不悟的樣子，也就不好再說什麼了。

一天，小林感覺自己特別地疲憊，身體就要散了。小李見狀忙說：「林奇，你這是怎麼了？看你整天忙得連個休閒娛樂的時間都沒有，時間就了，我看啊，你肯定是疲勞過度。很多人都是因為這種事情，一命嗚呼了。」小林這才認識到事情的嚴重性，下了班讓小李陪他去了趟醫院。

這麼一檢查，還真是疲勞過度，醫生說如果這種狀態再堅持上一個禮拜，這人就差不多沒救了。小林聽完後直冒冷汗。醫生還建議小林多參加戶外活動，不要總是加班，週六日放假可以四處遊玩，以便於更好地去工作。

聽了醫生的話，在小李的幫助下，小林的身體很快就恢復了。不但工作效率提高了，而且精神面貌也好了。公司老總聽說小林成了辦公室的活躍人才，更加器重他，直接提升他為區域總經理。

如果我們不懂得愛自己，那麼所有的努力都將是徒勞。那些所謂的奮鬥最終都不會屬於你，因為即便你得到了，已經無福消受了。人生難得一清閒，為什麼還要拿這麼清閒的時光去工作呢？

即便你一天就可以做完別人一個月的工作，第二天你照樣會接到新的工作。能力強固然重要，但是如果一味地去揮霍健康，終有一天我們也將疲勞，那些允許我們清閒的日子，我們卻沒有清閒地過。

有些東西帶不走

有時候，人這一輩子很簡單，匆匆忙忙地就過去了，只有在離開人世間的那一剎那，回想起一輩子所做的事情，才後悔自己沒有去珍惜。

我們都有自己執著的東西，有些人喜歡名利、有些人喜歡地位、有些人喜歡金錢，總之，很多時候我們都是在費盡心思得到這些，可它們不能被帶走。

有一位土財主，臨死的時候才發現自己是那麼糊塗，竟然把金錢看得比什麼都重要。直到自己回憶過去，才發現，那些真正珍貴的東西都被他拒之門外了。

土財主年輕的時候，娶了一位非常漂亮溫柔的老婆。土財主經常跟別人炫耀自己的老婆勤儉持家，而且溫柔體貼。可是不知道從什麼時候起，他不再提起自己的老婆。原來，他的老婆生了一場大病，需要很多錢，醫生說如果接受治療的話，情況會好很多，說不定就能保住她的命。

土財主趕緊回家拿錢，可是走到半路上，他就想：醫生說的是說不定可以就會她的性命又不是一定可以救活她。假如我花了錢，卻救不回老婆，那我不就虧大了嗎？既然她已經得了這場病，就說明她該經歷這一遭。隨她去吧！

於是，他的老婆就這樣離開了人世，並留下了兩個美麗的女兒。剛開始，他還願意撫養兩個女兒，可是時間久了他就

想：反正她們早晚會嫁人的，還不如現在就送人呢！他找了當地一戶木匠家庭，把自己兩個乖巧的女兒送了出去。

這下可好了，土財主一下子覺得生活十分美好，心情也變好了。他從沒去看過女兒，也沒拿出一分錢。日子就這麼一天天地過去了。轉眼間，土財主就到了晚年。他再也沒有以前的頭腦和力氣，唯有很多錢財成了他的安慰。

他的臉上布滿了皺紋，走路開始不穩，此時的他希望找個人來陪著自己。可是身邊一個人也沒有。他撫摸著那些錢財，心想：如果拿這些錢去換老婆回來，也算是值了，可是那個親愛的老婆又在哪裡呢？

土財主左思右想，決定去找自己的兩位女兒，希望自己在晚年能有一個溫馨的家庭。兩個女兒似乎已經不太記得他了，只是因為聽說他有很多錢，才勉強答應過來照顧他。土財主以為美好的生活從此開始了，可誰知，兩個女兒根本不管他的死活，也不在乎他是喜是憂。

這次他是真的傷心了，想起自己年輕時候做的事情，才知道自己大錯特錯了。很快，土財主就奄奄一息了，他抱著那些錢財，希望能帶走，但他知道這是徒勞的。他希望自己的女兒能在身邊照顧自己，卻發現兩個女兒正對他的錢財虎視眈眈，巴不得他快點離去呢！

臨死之前，他的腦海中像過電影一樣，那些他為了錢財而做的事情都被再一次提起，他才明白，縱使錢再多也無法買來的東西太多太多了。而一向自認聰明的他早已丟失了。

那麼一條大路

有那麼一條大路，你一輩子只能走上一回，如果你勇敢地面對了路上的艱難險阻，那麼不遠的地方就是天堂。

因為這條路的盡頭是天堂，所以不是誰都可以踏上這條路。只有人生目標明確，有相應能力，並且堅定不移地勇敢的人才可以開始旅程。為了迷惑眾生，上帝安排了無數的道路，如果我們沒有做好選擇的話，就會誤入歧途，

儘管道路有千萬條，但是只有一條是屬於你自己的道路。而這條路適合你，適合讓我們在路途中引吭高歌，發揮自己的最大能量。

李時珍是中國古代著名的醫學家、藥物學家。他出生在醫學世家，繼承家業，當他認清楚自己的道路，便義無反顧地上路了。歷時 27 年，走遍了中國大江南北，終於編成了世界聞名的《本草綱目》，讓後人受益一生。

也許，我們還不清楚自己的究竟要走哪條路，但最起碼我們要知道，未來我們只有一條路可以走，而不是三心二意。

前一陣子，公司面向社會招聘職員。一天下午，來了這麼一位男生。他的穿著十分得體，精緻的領帶、整潔的西服，口齒伶俐，學歷也非常高。可是，人資還是對他說了抱歉。他始終不明白為什麼自己這麼優秀的人才會遭到拒絕。

於是，在面試之後，他又再一次來到公司，會見了那位人

資。他不解地問道：「我想請問一下，我被拒絕的理由。」

人資客氣地對他說：「因為你的工作經驗太過於豐富了。」

這算什麼回答？ 眼看著人資又要離開，他便上前一步擋住了去路，問道：「我的經驗豐富怎麼就不好了？ 這求職欄上也說了要經驗豐富的人啊？」

人資看他這麼執著，就耐心地說道：「不是你的經驗豐富不好，而是你的經驗太豐富。你說你大學畢業之前就開始上班，這點我們很欣賞。你說你剛畢業就進了一家外商上班，而且工作品質非常高，我們也非常欣賞。你說你擅長的領域很多，我們也非常欣賞。可是你每次在一個公司或者一個職位上最多待上三個月，而我們公司需要的人才是可以為公司付出，並且持之以恆的人。而且你是如何辭職的我也不清楚，為什麼那麼多好企業都留不住你。」

這位男生還想說些什麼，但是一張嘴就不知道說什麼了。看得出來，他很聰明，但是「聰明反被聰明誤」了。每個人都有各個方面的天賦，也許他的智商很高，能夠很快領悟到工作要領，也許他認為自己具備了解所有知識的能力，但實際上，他所認為的聰明把他給毀了。

沒有哪個老闆敢要一個喜歡跳槽的員工，並且這個員工還自詡聰明。他以為自己掌握了大局，卻不知道，老闆更加喜歡自己身邊有一個踏實肯做的老實職員，也不願意身邊留一個油腔滑調的危險職員。

　　這位男生對每個行業都淺嘗輒止，還說自己經驗豐富，這不是等著別人拒絕他嗎？他以為自己是在尋找更適合自己的職業，卻連每個職業的入門都沒摸透。三個月的時間，不管是不是聰明的職員，都只是剛剛實習而已，他找工作卻連三個月不到就辭職。

　　每個人面前都有一條路，但不是你有才能就會走上對的道路，也不是像買樂透一樣亂槍打鳥。而是你的內心夠不夠堅定，如果你堅定自己所走的路是對的，那麼走到盡頭就是天堂。如果你想投機取巧，在每條道路上都試試，那麼只能說是在浪費時間。

　　因為每條路都被看似通往地獄，但是當你披荊斬棘走過了所有的道路，看見的就是天堂。所以內心中的堅定信念才是走向天堂的法寶，而非真正的那條大路。

第五章：
千千萬個於心不忍

如果，允許我能說出內心的話語，我不是自暴自棄才掙扎，我只是為了能在這個滿是傷口的世界中盡全力保護自己。

如果，允許我站起來戰鬥，我不僅僅會在決鬥中流下鮮血，我還會感激不盡人生賜予我無限的信仰。

必要的時候，我也曾經說出謊言，也曾為了維護自尊心而發起攻擊。但在這並不是風平浪靜的道路上，我也曾有過千千萬萬個於心不忍，也曾滿懷希望經受打擊。

我說不清楚為什麼世界不是完美的，但我知道，我的人生一定是完美的。

千萬個於心不忍

　　人們背負著沉重的十字架，在路上艱難地行走著。這場關於人生的比賽就好比爬山，適當的時候，是需要捨棄一些東西的。即便我們得到的是最小的十字架，即便我們精力充沛，也都需要捨棄。

　　如果我們捨得丟掉，就會換來更加豐厚的東西，只是這種捨棄需要太多的勇氣。對我們的欲望是一種挑戰，對我們的狀態也是一種挑戰。

　　舉個簡單的例子，這是一個關於父親教育兒子的故事：

　　這天早上起床，兒子想吃荷包蛋加麵，便讓父親去做飯。父親想，正好趁著這個機會教育教育兒子。於是他做了兩碗麵，把荷包蛋放在碗裡。其中一碗裡躺著一個荷包蛋，另一個碗裡沒有雞蛋。父親將兩碗麵條端到飯桌上問兒子：「兒子，你要吃哪碗啊？」

　　兒子已經餓極了，看到有荷包蛋的那碗眼睛都直了。他指著荷包蛋說：「就要這碗吧！」父親趁機對小傢伙說道：「古時候，孔融可是七歲就懂得讓梨了，你都十歲了。」兒子可能是太嘴饞了，便說：「他是孔融，又不是我，我就不讓！」父親問：「真不讓？」兒子來不及回答父親的問話，馬上在荷包蛋上咬了一口。

　　父親對兒子的動作和驚人的速度還挺吃驚，忍不住又問了

一遍：「你真的不後悔嗎？」兒子為了表示自己的決心，把整個荷包蛋都吃了。父親沒再說什麼，而是拿過另外一碗默默地吃掉，兒子突然發現父親的碗裡有兩顆蛋！父親對兒子說：「兒子，想貪便宜的人，最後往往得不到真正的便宜。」兒子吃驚地呆住了！

又過了一段時間，父親早上又給兒子做了兩碗荷包蛋麵，也是一碗荷包蛋臥在上面，一碗上面什麼都沒有。父親笑吟吟地問兒子：「兒子，這次吃哪一碗呀？」有了上次的教訓，兒子這次很聰明地拿過了那碗沒有蛋的麵，他對父親說：「我已經十歲了，應該向孔融學習，我讓您吃那顆蛋。」說著就迅速地端起碗吃了起來，可是一口氣吃到碗底，也沒見到雞蛋的影子。

父親若無其事地拿起另外一碗，也開始吃，兒子沒想到，父親的那碗上面臥著個荷包蛋，下面還藏著個荷包蛋。父親指著碗裡的荷包蛋說：「自以為聰明，並且想貪圖便宜的人，是要吃大虧的！」

數月以後，父親又端上兩碗荷包蛋麵，還和前兩次一樣，一碗有蛋，一碗沒有蛋。他問兒子：「兒子，這次你選擇吃哪碗？」兒子沒有了前兩次的急躁，也沒打算貪圖雞蛋，對父親說：「請您先吃吧！我不應該搶著吃荷包蛋，你先吃！」父親一聽，心中暗喜，端起那碗有荷包蛋的麵吃了起來。兒子不但沒和父親搶，還很平靜地端起另外一碗吃了起來，不久，他就看見了藏在碗底的兩顆蛋。兒子驚訝地看著父親，似乎不相信自

己竟然選到了前兩次一直得不到的荷包蛋。

父親意味深長地對兒子說：「只要你不想著占便宜，你會得到更多！」

父親教給兒子的不只是得到荷包蛋的道理，而是告訴兒子，做人應該學會捨棄貪欲，捨棄那些你看似珍貴的東西。即便你也曾因為丟失了這些而於心不忍，即便你也曾為此徹夜難眠。但如果你執著於得到它，反而會失去得更快。

人生的道路上，不管你是不是上帝欽點的那位行路人，都要保持一個平常心，看淡是非，看淡誘惑，你得到的會是你想到的雙倍。

德不配位

我們出生在不同的家庭，有著不同的社會地位，不同的生活環境，可是我們同屬於這個世界，就該相互愛護。可是，有些人卻自覺清高，不與別人為伍。

有句話說：「德不配位，必有災殃」，很多人都不曾在乎過。你是否遇見過一個自以為是的人拿著高於自己能力的金錢，坐著高於自己能力的車子到處宣揚自己的榮華富貴？你是否遇見過一個明明沒有才能，還非要別人仰慕他，把他抬得很高的主管？或許，你就是其中一個。這就叫「德不配位」。

我的身邊就有一位怪同事，行為異於常人，被調侃成「大師」。有時候，他會「之乎者也」的來上一段，有時候又沉默不語。別人講笑話的時候，他不一定笑，別人安靜的時候，他說不定就會笑。

同事們除了覺得他有些不正常之外，都喜歡和他在一起。因為他總會講些比較有意思的事情。例如「老子說」、「孔子說」之類的經典語句和典故，讓我們也增長些見識。

有一天，公司安排他出差，主管給他安排了一輛好車。他只是看了一眼便對主管：「我還是自己搭公車去吧。這車子我可坐不起啊！」主管吃驚地看著他，要知道不是誰出差都可以坐上這等好車，同事們巴不得有此幸運之事呢！這可是主管心愛的坐騎，不知道多少同事都眼巴巴看著呢！

主管疑惑地問道：「你不坐我的車？」

「大師」笑著對主管說：「俗說話：『德不配位，必有災殃。』您給我配這麼好的車子，我應該感謝您才對，但是我的能力在您之下啊！我不是不想坐，而是不配坐，我深知自己的能力水準！我還是自己搭公車過去吧！」

同事們都不明白他這是怎麼一回事，還以為他又開始「神經」了呢！難得主管心情好，還不坐著豪車出去炫耀炫耀？要是別人早就高高興興地坐車走了。

不過主管也是見過世面的人，見他一再堅持自己的觀點，便對「大師」說：「好吧，既然你執意不坐我的車，那麼我去安排司機把那輛我們公司的舊車開來，這下你接受了吧？」

就這樣，在眾多同事們無數吃驚地目光中，「大師」坐上一輛舊車出發了。同事們都在議論他的作為，說他不知道享受，說他不懂得巴結。可是，主管細細地思索著他這個人，笑著說「大師」是個識大體的人，知道自己幾斤幾兩，懂得低調做人。

也許，他看起來不風光，不是那種騎著白馬到處招搖的王子，但他是問心無愧的流浪者。我們都渴望金錢和地位，但如果我們的能力駕馭不了高於我們的金錢和地位，擁有得再多也是徒勞。

後來，我懂得了有一種道理叫「德不配位」，即不要妄想貪婪不屬於你的東西，否則等待你的一定是災禍。但這種真正看得清自己擁有什麼能力和水準的人，實在是難得！

天下難容之事

　　生活帶給我們很多不快樂和不公平，可縱使是天下難容之事，也要容在你的胸懷。因為有時候，你越害怕，越牴觸某件事物，它就會像魔鬼一樣跟著你。還不如直接勇敢地面對，容下了，就什麼都不怕了。

　　高中二年級，我遇見了最好的閨蜜，只是她不溫柔，不弱小，不算美麗。班裡的同學都叫她「巨人」，還嘲笑她又蠢又笨拙。

　　她的皮膚有點黑，身高超過了班上大多數的男生，稍微有些胖，戴著一副標準的學生鏡。那個時候，班級裡容易出現集體孤立某人或者嘲笑某人的現象，因為都是孩子，很容易就傾向了多數人的那邊。

　　那時，我們都不知道人是會變的，也不知道，命運如此偉大。只知道，在學校不被別人嘲笑和孤立就算是很不錯的事情了。

　　體育課做操的時候，老師為了整齊隊伍，把她安排到男生的最後一排。她的眼中含淚，卻什麼也沒有說。我只是偶然瞥了一眼，倒是也沒想什麼，因為哨聲響起，大家就稀稀拉拉地跑起步來。

　　後來她對我說，最怕上體育課，因為體育課的時候，她都被安排進一個不屬於她的世界，不光是被嘲笑和孤立這麼簡單，還有一種不安的心情存在。

　　我和她熟悉起來也是因為一堂體育課，至今依然記得清晰，那是夏季炎熱的午後，下午第二節課。

　　我們都有自己的朋友圈，那堂體育課，我和朋友們約好打羽毛球。我們玩得很開心，一連幾局下來，我都是勝利者，顧不得太陽將我們烤熟，顧不得全身都是汗水。空氣中流動的氣氛都是熱的，但是年輕氣盛的我們又怎麼會在乎這些呢？

　　又一輪比賽開始了，我打頭陣，卻沒想到在平地上居然把腳給扭傷了！我痛得有些不可思議，可能是先前劇烈運動的後果吧！我強裝堅強地對朋友們說沒事，就跑到陰涼處休息。

　　就是在這時，我注意到距我們打羽毛球的地方不遠處，有個身影，是她！她剛才一直在專注地看我們打羽毛球，臉上的笑容還未消失，不過她現在注意的是我。我不敢和她對視，怕她跑過來和我說話，於是低著頭輕揉著腳。

　　可是越怕什麼越來什麼，她迅速地跑過來問我怎麼了。我尷尬地回應：「沒事，腳扭到了。」氣氛有些尷尬，我們就這麼沉默了十幾秒，對於我來說有些煎熬。她事先打破僵局對我說：「走，我扶妳去醫務室，再不去你的腳會腫起來的，那樣就更不好了。」她說完就把我拉了起來，我非常佩服她的力氣，直接把我拉起來了。

　　我有些措手不及，又不好意思去直接把她回絕，朋友們顯然也看到了這一切，看著我們，嘴裡還說著什麼。我想，一定是在說我和她相處得有多麼融洽吧！當然我也知道，在她們的

嘴裡說出這些話，不是讚美和欣賞，而是嘲笑。

　　她帶我去了醫務室，細心地幫助我上藥，用熱毛巾敷著，甚至還囑咐我平時要注意休息什麼的。我在心中想，我和她又沒有來往，甚至也是站在她的對立人群中的一個，她為什麼還要幫我呢？

　　我結結巴巴地問道：「妳為什麼要幫我？妳不怕我嘲笑你嗎？和其他人一樣？」問出這句話，我就後悔了，因為這種事情多少有些難堪，直接說出來，就像揭了她的傷疤。

　　她笑著對我說：「大度難容，容遍天下難容之事。我在課外書上看到這麼一句話，我的怨恨就全都消了。我想做一個大度的人，因為我知道，這也是我不得不做的事情。我無法不原諒那些嘲笑我和孤立我的同學，即便這是很難容的事情，可是當我明白之後，就再也不會在夜裡哭了。」

　　後來，我們彼此越來越熟悉，我總是學習她的「大度難容」，我想，就這麼一個特質，就超過了所有外表鮮亮的人們。上了大學之後，她變得越來越美麗，皮膚逐漸變白了，身材也變得非常苗條，由於身高超過平均值，被很多男生稱為「女神」，再也沒人嘲笑她。

　　我們都有過不去的「難容之事」，可是誰又保證以後不再變了？誰又說她一定永遠是醜女一個？誰又知道「難容之事」永遠不會過去？凡事都是短暫的，所以它來臨時，我們才更加需要「大度難容，容遍天下難容之事」。

我們和好吧

　　與那個傷害過自己的人說出「我們和好吧」這句話有多難呢？也許是人情險惡，讓我們的防禦系統自動升級，不再去相信任何人；也許是圓融世故，讓我們明白了有些事說了不一定做，所謂的情誼也變得不再那麼重要。總之，這是一句比「我愛你」、「對不起」更加做作的話語。

　　社區裡有許多小朋友，為了方便孩子們上幼稚園，很多父母都把孩子送到社區內開設的私人幼稚園。每天早上，都可以聽到幼稚園的兒歌響徹社區，孩子們的歡笑聲也讓我們心情舒暢，有時候我都希望自己回到小時候，和孩子們一起玩耍。

　　這天，我路過幼稚園，聽到有小朋友的哭聲，本著好奇心駐足觀望了一下。幾個老師正在院子裡忙來忙去，兩個小朋友為了爭奪同一個溜滑梯在那爭吵，一個孩子已經哭了。這時，老師聽見哭聲跑了過來，詢問緣由。

　　已經哭了的孩子對老師訴苦：「老師，他打我！」說著又開始哭泣。另外一個孩子可能也看出了形勢不利於自己，於是也哭了起來，邊哭邊說：「老師，我沒打他，是他先打我的！本來就該我玩溜滑梯了！他總是占著不讓我玩！」

　　兩個孩子哭得更加厲害了！由於我也是在閒逛，就索性看看幼稚園老師怎麼解決這件事情。說實話，我覺得有時候弱者不一定會哭泣，哭泣的不一定是受害者。就像他們兩個孩子，

161

說明原因還是那個早哭的孩子不讓給別人玩滑梯。

我想，這回老師要好好斷案了。千萬不能讓受害的小朋友再受委屈了！老師笑著對他們倆說：「你們還是不是好朋友了？」兩個孩子點了點頭，老師又說道：「你們是不是都想玩溜滑梯？」「你們是不是還希望你的好朋友也高興？」「那你們是不是也讓你的好朋友多玩一下呢？」兩個小朋友眼睛裡還泛著淚水，但是小腦袋都是點著頭。

那個受委屈的孩子忽然牽起另外那個孩子的手，對他說：「我們和好吧！一起去玩溜滑梯！」老師在一邊笑著說道：「這就對了，你們都很懂事，老師要好好表揚你們囉！去玩吧！」

我在一邊有些驚訝，按照常理，老師都會說：「誰讓你打人了？打人就是不對！還哭？哭有什麼用？他小你就不能讓著一點嗎？」我想，如果這麼說的話，那個受委屈的孩子和弱小的孩子都不會得到真正的心理安慰，而是越來越叛逆，最後連老師都不喜歡了。

我很欣賞這位老師的做法，但我更欣賞孩子們的善良和天真。假如生活中，有人欺負了我們，我們一定記住這個「仇恨」，不去找他報仇就算是對得起他了。不要說還要對對方好，就算是原諒都別想！

可是在孩子們的眼中，沒有什麼是深仇大恨，即便是背叛和爭奪，即便是貪婪和盜取，都會被輕易地原諒。人們都說童真最可貴，並不是那種簡單的頭腦，而是那種豁達的胸懷。在

那個小腦袋當中，在那個小心臟當中，竟能裝下所有人類的罪惡。或許，是因為大人的心中存放了許多垃圾的世俗故事吧！

　　「我們和好吧！」就是兒童世界最善良的話語，說出來也沒那麼做作。我想，是不是我們在生活當中，也能嘗試著去和「仇人」和好，就算他依舊罪惡，就算他依舊背叛，如果沒有原諒，那世界的美麗該在何處存在呢？

一笑百媚生

我知道「一笑百媚生」這句詩放在這個充滿悲傷、原諒、不忍、捨棄、劫難的「於心不忍」中顯得有些突兀。我知道「一笑百媚生」這句詩為了形容楊貴妃的美豔。可是，如果我們能夠放下心中的浮塵，看看路上的行人，誰不是「一笑百媚生」？

笑容是最偉大的力量，可以冰釋一切即將凍結的悲劇，可以讓你在冰天雪地找到溫暖，可以把心中的黑暗驅走。

要不是因為一件事情，我也不會明白，在這個世界上，笑容有那麼動人，更不會明白，不是漂亮的人笑容才美，而是所有的笑容都美。

地鐵站內人來人往，每天都熙熙攘攘，如果你是匆匆而過，也許不會注意那些坐在地上彈唱的流浪者。和上班族，學生族不一樣，流浪者們有充足的自由，同時也有著充足的悲情之聲。也許，有一天，我也會嚮往他的生活，自由，簡單，只不過有些困難。

這段時間我總是看到他，已經是第三次了。我在這裡路過的前兩次僅僅是瞥了他一眼，就匆匆走過了。但是出於正常的思維模式，在我第三次見到他的時候，自然而然地多注意了他。

他是我印象當中的藝術家，頭髮鬆散且神情自若，他就那麼坐在幾張報紙上，面前是裝吉他的包，裡面零零散散地裝著幾塊錢。我仔細考慮了一下，發現其實下午也沒什麼事情，還

不如走近他，聽他唱上一曲。

　　我走到一個靠近他但是又不至於引起他注意的地方，繼續仔細打量著他。他的衣著寬鬆另類，和懷中抱著的吉他正相配。面前有那麼多乘客，他全然不在乎。他清唱了一首歌曲，應該是他的原創歌曲吧！

　　說實話，他的嗓音乾淨得讓人不敢相信竟是從他的嘴裡發出，旋律優雅得像個皇族紳士，而他自始至終都沒有在意別人是如何看他。我正奇怪他怎麼可以做到若無旁人，卻發現他唱完歌，居然笑了！

　　或許，大部分的人都以為他的精神有問題，自己還能笑嗎？但是我是真的羨慕他了！因為他的笑容竟然乾淨得像個孩子，這是我見過的最美麗的笑容，即便他是一個男孩，即便他身無分文，即便他穿著不得體，即便他的頭髮蓬亂。可是他的乾淨來自心底，我如同看到一面安靜的湖，迎著陽光，他的靈魂在晒太陽！

　　我明白，那是一種屬於自己的快樂，自顧自地彈唱，自顧自地歡笑。也許，他窮，卻不一定不富有。我才知道，原來窮和富並非反義詞，乾淨和髒也並非反義詞。他的一首歌曲讓我從百忙之中，解脫出來。

　　他的一個笑容，讓我心中的「百媚」生。原來世間的美好沒有特定的形式，即便是一個陌生人的微笑，都可以讓你的心情愉悅好久。

第五章：
千千萬個於心不忍

　　他的演奏真是精彩呢，即便是已經走過了車站，腦海中還能回想起那悅耳的歌聲！匆忙乘客啊，走到這裡，不聽一曲，我們的人生就要存有遺憾了！匆忙的旅客啊，走在人生路上，不肯贈與他人一個笑容，那就是最大的遺憾啊！

彼岸之花

　　我們的生命究竟有多脆弱呢？就好比一塊薄冰，一旦被外界力量所打擊，就會碎得面目全非。我們的愛又有多麼堅強呢？就好比一塊鋼鐵，一旦被外界力量所打擊，馬上就會回擊。

　　我總覺得自己生活在一個充滿愛的世界當中，即使人們總是埋怨東西昂貴，人情冷淡。因為不管世界如何摧殘著人們的心靈，即便是人們已經望見了地獄之中盛開的彼岸花，也還是會一股勁地賺脫開。

　　某市有一對相愛的夫妻，兩個人做點小生意，日子還算過得紅火。這天，男人外出送貨，女人非要跟著去。男人搖搖頭，溫柔地問道：「親愛的，妳應該在家裡等我回來，外面天氣涼了，別跟著去了。」可是，不管男人如何要求，女人就是非要陪男人一起去送貨。女人說，不知道為什麼，今天格外地想和男人在一起。

　　男人微笑著答應了，他替女人多穿了一件外套，讓女人上了車。一路上，女人跟男人講了很多笑話，兩個人就像戀愛時期一樣，相互甜蜜著。男人覺得女人真是可愛，能夠娶到她真是今生有幸。女人覺得男人真是溫柔，能陪著他就是一生的幸福。

　　很快，他們就送貨返程了。途中，他們依舊說說笑笑，甜

167

蜜得令人羨慕。忽然，男人拍了拍女人的手說：「親愛的，妳還記不記得我們來時路過的那條大水溝？」女人沉浸在笑聲中似乎還沒緩過來，對男人說：「當然記得啊，妳不會是想讓我跳下去洗澡吧？哈哈」

男人對女人說：「到了那裡，我大喊一聲跳，妳就跳下去，記住一定要快！」男人的樣子不像是在開玩笑，女人的笑聲漸漸消失了，因為她看見男人正用力踩煞車，可是車子還在飛速前進著！

要知道，前方一公里的地方有一個集市，集市上都是附近的村民，窄窄的公路兩旁是峭壁。男人不斷地按喇叭，希望集市上的村民早點聽見，以便離開，可是集市上正是人聲鼎沸的時期，誰也沒有理會這急促的喇叭聲。

這時，他們想到了距離集市不遠處一側山壁的缺口，如果把車子開到那裡去的話，就會撞到缺口處，使車子被迫停下來。這樣的後果是不堪設想，但最起碼可以救那些無辜村民的性命。

眼看著那條大水溝越來越近，男人對女人說：「馬上到水溝了，我喊一聲跳，妳就快速地跳下去！」女人茫然地問：「那你呢？」男人說他也會跳。說完，男人便把身邊的車門打開了，讓女人照著做。

他們同時看到了那條水溝，男人大喊了一聲：「跳！」然後車子就飛速地竄了過去。可是，他們誰也沒有跳。男人著急地

對女人喊：「妳為什麼不跳？」女人含著眼淚說：「因為你肯定不會跳。」

突然，男人聽到了車輪摩擦地面的聲音，他一腳煞車踩下去，車子竟然在距離缺口不到十公尺的地方停下了。這是一場生死掙扎，最終人類勝利了。

男人欣喜若狂地擁抱了女人，對她說：「妳真傻，如果不是上天的眷顧，我們現在已經死了。」

女人喊著淚水對身邊溫柔的男人說：「因為我愛你，所以即便路途開滿地獄的彼岸花，也全都是愛啊。就算死，也要陪你能走多遠走多遠！」

傳說彼岸花生活在地獄，那個人間奇花在愛的面前，也變得嬌柔了許多。有時候，我們太執著於得到什麼，而忽略了可以戰勝死亡的愛，才會有那麼多悲劇的發生。

每個人的一生，都會經歷生離死別，悲歡離合，只是如果我們不肯拿出愛來呵護別人，給自己留下的可能就是遺憾。

無所怨懼

我們都有一雙明亮的眼睛，不管是近視也好，遠視也好，都能夠看清外面的世界。然而，我們並不缺少觀望外界的眼睛，缺少的是看向內心的眼睛。

有一天，我讀到這樣一則故事，才明白究竟如何去做，能夠真正做到無所怨懼。故事大概是這樣：

寺廟裡有一尊石佛，也許是這座石佛有特殊的本領，每天前來朝拜的人絡繹不絕。這座寺廟的門口，鋪著一塊石板，朝聖者每天都踏著石板，來到石佛前許願或者還願。

終於有一天，被人們踩在腳下的石板說話了：「同樣都是石頭，憑什麼你每天受人敬拜，而我卻要被踩在腳下？」

石佛微微一笑，回答道：「你只看到了我光鮮的一面，卻不知道我曾經經歷過千刀萬剮。」

我們都是一塊石板，是看不慣石佛的石板。可是誰有想到過它的疼痛呢？我們總是被觀望外界的雙眼所欺騙，總是容易相信它，卻不知道它不如心誠實。

身邊總是有這樣的朋友，當他失敗的時候，抱怨工作上懷才不遇，抱怨生活上生不逢時。他覺得比他強的人都是受到了恩惠，不是走了後門，就是人家運氣好，單單不說自己不如別人。其實，當你去抱怨別人的時候，首先就煩惱了自己。當你被困在抱怨的牢籠中，又怎麼走向成功的天地呢？

我遇到過這樣一位女子，她身材高挑，長相俊秀，和朋友相處得還算融洽，只是有一點讓朋友們很受不了，那就是見不得別人好。

每次朋友們在網路上買個裙子、大衣，她都要搶著看，然後穿在自己身上，對朋友說：「妳看，我穿起來比妳合適，妳穿著太不倫不類了。」朋友本來很好的心情一下子就冷卻了。每次朋友們一起舉辦活動，她總是搶著參加，然後對朋友們說，誰都不如她。

然而，有一天，公司來了一位新主管，打算選一名優秀員工作為自己的助理。她滿以為自己肯定會被選中，卻聽到消息說新主管選中了她的朋友，她是又氣又惱，還一度認為與那樣的朋友相處是交友不慎。

後來，她變得容易抱怨，有好幾次抱怨工作壓力大，不滿上級安排的話語都被主管聽見了。她的消極情緒逐漸吞噬了心中的正能量，就連過去要好的幾個朋友也漸漸疏遠了她。不久，她就接到了公司的辭職通知，原因是主管覺得她處理問題不夠成熟。

原本好好的一份工作，幾個朋友，全因抱怨而失去了。其實，我們應該內省，如果我們能明白，別人的成功是別人的努力，我們的失敗是因為自己努力得不夠，那麼煩惱又怎麼會趁虛而入？如果，我們把抱怨的時間和情緒放在認真對待生活上，生活哪來不如意？

第五章：
千千萬個於心不忍

　　凡是整日煩惱著的人，皆是人生的修行不夠。很多人對生活的恐懼，對生活失望，大部分是怨恨惹的禍。如果我們能做到無所怨懼，生活又怎麼能虧待了你？

不怕熱愛變火海

　　許多年前，我執著於做成一件事情，總是苦於各種阻礙作祟，最終放棄。記得念國中的時候，我的理想是考上臺灣大學，然而當高中和青春年華的美好一起來臨，便讓我立刻放棄了那個高而遠的夢想。

　　我在國中的時候喜歡寫信，寫過信給很多人，也不知道別人喜不喜歡看，後來就喜歡寫詩，上了高中之後，由於對物理偏愛，所以選擇了理組，但是這絲毫不妨礙我對創作的熱情，我的計算紙上往往沒有幾道分析數理化的運算，而是鋪滿了心中想像的世界。從詩歌到短篇小說，無所不包。

　　高二的時候，因為看了一個暑假的警匪片，所以勵志攻考中央警察大學，為此不懈努力。在此期間，我已經寫了不少的詩歌和文章了，前後桌的同學也開始傳遞著看看。很多時候，他們做的最多的表情就是鄙視，但我知道，我的文字讓計算紙不再是一張廢紙。

　　高三考試的前一段時間，各學校正在進行緊張的模擬考試。我擔心的不是數學、英語、物化生，而是國文科的作文。因為我的作文分數是全班墊底，國文老師也找了我很多次。他語重心長地對我說：「你的基礎知識還不錯，但為什麼你的作文總是離題呢？」我低著頭不說話，其實我也不是故意和老師作對，而是我真的認為作文題目和我寫的文章息息相關，怎麼就

第五章：
千千萬個於心不忍

離題了呢？ 我也搞不明白。

　　學測時，我緊張地有些不敢下筆，不知道這一賭能不能獲勝。幸好上帝眷顧我，沒拖垮我的國文分數。

　　我知道，許多時候，我們的目標和愛好不是一回事，因為大部分人都會覺得自己的愛好和努力的目標不在同一個方向上。所以我才會又想學理科，又想當警察。

　　大學時候，我開始買許多許多的書籍看，不管是文史類的，還是百科全書，又或者是各類小說，總之我只要是覺得題目好的都會拿來讀一讀。室友們都嘲笑我是個書呆子，光看書，而且還不是課本。我也不知道為什麼，就是喜歡，這是熱愛。

　　大學畢業之後，我陸續在網路上發表了一些文章和小說，沒想到真的有人回應。也正是在這個時候，我才發現自己一直忽略的熱愛才是自己要堅持的目標。只有自己喜歡，才能更好地去完成它。

　　也許，在我們的一生當中，有許多的願望，小時候希望得到一輛模型飛機，中學時候希望得到班上最好看的女孩子的喜歡，高中的時候希望考上好大學，大學的時候希望以後能找一份好工作。我們的思想在不停地變化，但是愛好卻猶如與生俱來的東西，永遠跟著你。

　　總有一天，我們會發現，遠離了自己原來的熱愛，生活變得索然無味。總有一天，我們遇見一份契機，然後成就了自己，一定會歸功於這份熱愛。所以，別怕熱愛變火海！

人生苦痛

我們的人生，說艱難也簡單，說簡單也艱難。如果我們的人生是為了享樂，那麼大可不必如此費周折，如果我們的人生是為了苦難，那麼大可不必有幸運。很多人都知道，我們痛並快樂著。也許，正是痛，才使我們記住樂。

所以，當我的人生來到我的面前，我會盡可能地勇敢面對，不管前方後方出入猛獸，還是白天黑夜出現幽靈。只要這條路通往天堂，那麼人生苦痛就不是苦痛。

話說，兩千年前，一個寂寞的秋季黃昏，在那遼闊的荒野中，遠處走來一位步履蹣跚的年輕人。這位年輕人在荒涼的道路上，發現地上散落著一塊白色的東西，那是死人的骨頭。年輕人正納悶這是怎麼回事，突然聽見前方傳來巨大的咆哮聲，一隻高大而凶猛的老虎出現在年輕人面前。這些白骨的主人一定是被老虎吃了！年輕人頓時明白過來，來不及多想拔腿就跑。但是這荒野中，哪裡才是正確的道路呢？他迷路了，但是又不得不硬著頭皮往前衝，眼看著前面就是斷崖峭壁了，他看到斷崖上有一棵松樹，樹枝上伸出一條藤蔓，為了不被老虎吃掉，他只好賭了一把，躍身跳了下去，抓住了藤蔓。

老虎還在峭壁上咆哮，年輕人卻九死一生，暫時保住了性命！年輕人大口大口地喘著氣，回想剛才差點喪命的情形，心想著真是虛驚一場啊！可就在他放下警戒，向四處環視時，他

驚呆了！因為懸崖下面竟是深不見底的大海，正隨著浪潮波濤洶湧地翻滾著，似乎要把他吞沒。正當他驚慌失措之際，海中又冒出三條毒龍，張開血盆大口，等待著他掉下來。年輕人全身戰慄不止，抓住藤蔓的手也開始顫抖，這可怎麼辦啊！

這本來已經是絕境，年輕人卻驚奇地發現在自己賴以生存的藤蔓上出現了一白一黑的兩隻老鼠，牠們正相互合作地啃食藤蔓，年輕人試圖透過搖晃藤蔓來趕走老鼠，可是老鼠並沒有一點離開的意思，反而是樹枝上蜂巢的蜂蜜被搖晃得落了下來。年輕人正好吃到了甜甜的蜂蜜。由於沉浸在蜂蜜的甜蜜當中，年輕人竟然忘記了自己身處的境地。對蜂蜜的貪婪使他放棄了掙扎，最終喪命於此。

漫漫人生路上，這位年輕人就是我們自己。我們必須要面臨的是歷盡千辛萬苦的修行而不是安於貪婪的享樂。可是，我們誰也不會想到那是自己。

故事晦澀難懂，假設那位年輕人是我們，遼闊的荒野便是我們看不到盡頭的人生，寂寞而無盡，秋季黃昏代表著一生的孤寂，白骨是親朋好友的死亡，老虎的威懾是自己的死亡，那棵賴以生存的松樹是金錢、財產、名譽、地位，藤蔓是精神產物，兩隻老鼠是白天和夜晚，象徵著時間，深海是地獄，意味著「八萬劫中的苦惱」，毒龍是心中的貪欲、嗔怒、愚痴，蜂蜜則是指人類的五欲：食慾、色慾、財欲、名譽欲、睡眠欲。

也許，人生本來就充滿苦難，但即使是「老虎」、「毒龍」

圍繞在我們身邊，幸福還是會如期而至。只是，有些人總是太過安逸，而忽略了潛藏在其周圍的危險。誰也說不清楚人生的路究竟有多長，既然我們已經踏上這條孤寂的道路，就應該勇敢面對。

　　如果，我們不能選擇一條平坦的人生路，那麼就讓我們在崎嶇的未來堅定不移。

離開，會不會覺得遺憾？

如果，死神現在來到你的身邊，然後告訴你還有一天就要離開這個世界了，你會不會覺得遺憾？我想，誰都會有遺憾吧！

過去曾經看到過一個很溫暖的小短文，說兩個老人相依相守一輩子，他們每天晚上睡覺之前都會對對方說：「我愛你」，別人很不解地問他們為什麼年紀這麼大了還這麼肉麻，老頭不好意思地笑著說：「因為我們都不知道什麼時候，睡著了就再也起不來了。我們保證在去世的最後一句話永遠都是我愛你。」老太婆在一旁幸福地笑著。

我想老太婆是有資格幸福的，因為他們都懂得珍惜。每晚睡覺之前，大家都已經做好了離開的準備，他們的心中滿滿的都是愛啊。

反思自己，有時候睡覺之前，還在賭氣，和別人生氣，也不滿意自己。可是我們又憑什麼保證明天還是我們的？如果可以選擇，誰會留下一句抱怨離開呢？

很久以前，我在某雜誌上讀過一篇文章，名字我忘記了只記得主角的名字叫「林白」。

故事的開始，一位二十幾歲的男生，因為心臟驟停進了醫院。在醫生的搶救下醒了過來，看到了正躺在床上喝優酪乳的女生林白。林白穿著藍白條紋的病服，臉上畫著晒傷妝。她說

這是晒傷妝，把臉蛋化得紅嘟嘟的，但實際上她的臉已經沒有了血色。

她對他說的第一句話便是：「你是心臟間歇性驟停，死不了，放心吧！」可是，他死不了這件事情，對於林白來說，多麼地渴望！

男生喜歡她的美麗，總是不自覺地偷看她。有時候，她就會肆無忌憚地笑他在屋子裡方便。因為住在同一個病房，男生略顯尷尬。

後來男生的病倒是並沒有什麼大礙，女孩卻對男生說，知道自己活不長了，說醫生騙她吃藥，拿個膠囊瓶子裝藥片，可是藥片並不是膠囊。她知道自己的生命即將走到了盡頭。

她還讓男生看了醫院曾經廢掉的焚化爐，儘管那裡已經不再火化屍體了。她是漂亮的，是勇敢的，也是脆弱的。她希望自己臨走的時候，會一直笑著。她喜歡肆無忌憚地笑，只是沒有什麼親人來看望她。

她的父親在國外，因為趕上暴亂，根本回不來，母親生她的時候難產死了。她對男生說：「我來的時候沒好好來，走的時候我一定要讓自己走好。」男生喜歡林白，他表白了。可是林白告訴他，她只是想找個人愛自己，在自己臨走的時候，有人愛自己，而不是真正地愛上了這個男孩。

儘管時間短暫，彷彿兩個人真的是如漆似膠的戀人，相互心知肚明，又認真地演戲。林白在笑聲中，耗盡了所有的生

命。這算不算愛情，誰都說不清楚。可是她收穫了幸福。

女孩問男生：「你愛我嗎？」

男生回道：「愛，愛得死去活來。」

我不知道，現實生活當中存不存在這樣一種愛情，是能夠不計前嫌、不計後果的。我們不一定能遇到這種接觸過生死抉擇的愛情，但我們一定會遇見生死。

其實，我們都不如林白幸運，她遇見了那個愛她死去活來的人，最起碼她帶著這樣一種幸福離開了世界，可是我們卻還是相互埋怨，相互爭奪。人在最幸福的時候，往往活在痛苦之中，在最痛苦的時候，往往活在知足當中。

如果，我們都還沒有離開的坦然，那麼就請珍惜身邊的人吧！我們都不希望自己或者身邊的人在離開之前存有遺憾，那麼我們是不是該義無反顧地用剩餘的生命去相愛？有時候，生命沒有想像得那麼低俗，它可以讓我們變得永遠像個孩子般有愛。

你還認識我嗎？

「妳還認識我嗎？」她突然拉住我說。我有些驚訝，畢竟我只是下來買東西的，這個小女孩卻一直說認識我。我的表情有些尷尬，因為我實在想不出用什麼辦法證明她不認識我。不過，我並不怪她，在路上認錯人是在所難免的。但她死活就是說認識我，這讓我耽誤了不少寶貴的時間。

我禮貌地向她解釋了無數遍，並在腦海中搜尋著關於她的資訊，我確實不認識眼前這個人。突然，安全意識薄弱的我也開始了警惕，這不會是騙子吧？前一陣在網路上看到，有人藉機說認識你，還能說出你的家庭情況，然後直接把你拉走，帶到一個偏遠的地方賣了！不管你怎麼掙扎也沒用，會有人來制止你的呼喊，讓路人以為你們只是朋友或者親戚在爭吵。

我從一開始的尷尬變成了驚恐，大聲呼喊著：「我真的不認識妳，可以請妳離開嗎？就算認識我，妳也離開可以嗎？我們又沒什麼交情！」要不是礙於很多人都在附近，我真想罵上兩句難聽的。

一個挺清秀的女孩子怎麼能做這種事情呢？一開始，我還真的以為她是認錯人了，後來就認定她是故意的，最後覺得她肯定是販賣人口的犯罪人員。我已經把她定義為犯罪人員了，難免產生了些激烈反抗！

小女孩從最初的欣喜變得有些失望了，我想，可能是因為

第五章：
千千萬個於心不忍

自己的奸計沒有得逞吧！真希望身邊路過一個認識的朋友，我就能迅速離開了！也不知道為什麼，陌生人對我的恐懼感遠遠超過了鬼故事或者鬼電影。

她還在抓著我，我試圖掙脫，可是她已經沉默了很久了。我被恐懼占據的心靈漸漸平復，突然覺得剛才的舉動太激烈了，平白無故怎麼會被一個小女孩拉走給販賣了？想想有些可笑了，冷靜下來的我突然注意到她的手裡拿著一張紙，上面寫著：「SOS！」

我抬頭注意到遠處正有兩三個人盯著這裡，看樣子是在盯著小女孩。我立刻明白了，她不是騙子，而是受害者！本著仁義之心，我想，這個忙我得幫啊！

我突然大笑道：「妳看我這記性，都忘了上次我們俱樂部聚會時妳還和我聊過天呢！怎麼樣？現在還去那個俱樂部嗎？我這段時間因為工作忙，總是走不開，就沒去過，走！我們去超市買點好吃的，一會兒回家做飯，今天晚上就別走了！」

她似乎還沒有反應過來，傻傻地看著我，然後就笑了，對我說：「我就說妳認識我，還不承認？是不是不想和我做朋友了？」我們手牽著手走進了超市。

超市裡面人多，就算求助的話也比較方便，我們迅速地走到一處人多的地方，拿出電話撥打了110，小女孩這才舒了一口氣。看得出，她剛才害怕極了，難怪抓著我不放呢！我們是在警察來的時候分別的。

　　她握著我的手說：「現在我們算是真的認識了！謝謝妳！非常感謝妳！」我突然有些百感交集，在陌生的人群當中，尋找一位值得信賴的人需要多大的勇氣啊！這種勇氣是克服恐懼的最佳對手，是克服冷漠的最佳拍檔。

　　我環視著超市裡的人群，如果我也遇到困難，會不會有人伸出援助之手？陌生人有時候也並不是不可信！這種信任實際上超過了所有引以為傲的默契，所有引以為傲的感情。

縱有千萬次悲愴

　　故事當中，他被背叛了。那麼多年的心血、金錢全部覆水難收了。那個曾經對自己俯首稱臣的夥伴阿木把他給出賣了！公司已經不再屬於他，財富不再屬於他。他想，如果我能重新開始，那麼一定會東山再起吧！

　　他懷著美好的願望孤身來到另外一座城市，為了存一些積蓄，他去一家公司做了小職員。當老闆的時候，從沒體會過小職員的痛苦和那種被人呼來喚去的感覺。他覺得自己真是走到絕路了，可是又不甘心過這樣的生活，所以必須努力！

　　公司讓他去外出發傳單，他就風雨無阻地出現在某個指定地點，發給路過的每一個人；公司讓他舉辦週年慶典，他就爬上爬下地掛各種條幅、宣傳海報，公司需要什麼，他就會去做什麼。

　　可是，並不是所有的努力都會得到應有的回報。他來這裡三個月了，公司卻從來不說讓他簽就業合約，也沒說過發薪水給他。他去找公司主管理論，主管卻說他的試用期就是三個月，除了每天管吃管住之外，不會發任何薪水的。他去找公司財務理論，說自己這三個月來做了好幾個人的工作，卻一分錢不發？財務卻表示，這事是主管安排的，他也沒有辦法。

　　他這次是真的惱怒了！自己辛辛苦苦地奮鬥了大半輩子，居然什麼也沒有落下，還被別人騙走了！他認為，這次不發薪

水的事情，一定是被主管私藏了！

　　他在一瞬間就對這個世界失望了。也許，生活就是如此無情，不會給你什麼冠冕堂皇的理由讓你堅持下去。他看不見未來的道路，也不知道自己還有什麼機會。人在絕望的時候，往往什麼都不害怕，他突然想好好看看這個世界。

　　他走上公司所在的大廈樓頂，希望好好看看這個城市，究竟為什麼世界可以如此五彩斑斕，而自己卻要承受無限悲愴，在痛苦的邊緣掙扎？

　　那是一種說不上來的暢快，站在高處的他暫時忘記了自己的痛苦，被眼前的景象震撼了。這種高度，讓一個人清醒，讓一個人超脫。他想，如果自己不是那麼悲慘，一定不會看到這樣的景象吧！

　　「縱有千萬次悲愴，活下去才能有歡愉。」他發現自己的身邊立著一塊牌子，上面寫著這樣的句子。他承認自己本來是有一種輕生的心理才來到這裡的。

　　他笑著搖著頭，責怪自己竟然想做這樣的傻事，即便生活給自己無限的苦痛，走下去才能看到快樂呀！正在這時，他的電話響了。

　　「您好，先生，你通過了我們董事長的特殊考核，請您明早去董事長辦公室報到，您的職位是董事長助理。」他聽到電話，簡直不敢相信，如果剛才自己跳下去，就再也接不到這通電話了。

後來，他才知道，他們董事長早就聽說了他的事情，而且非常欣賞他的才能，希望讓他協助自己創業。但是怕他不甘心自己受挫而心態不平衡，所以對他進行了考核。如今，他已經成為董事長的左膀右臂，也憑藉自己的能力和董事長的幫助，開了一家小公司，逐步又有了起色。他時常在想，如果我擔不起當初的挫折，這份難得的機遇就會和我擦身而過。

我讀到這篇故事，心中頗有觸動，假使我們因為自己的一次錯誤選擇，毀掉的是自己，也是每次姍姍來遲的機遇。也許，我們會遇到太多痛苦，但如果擔不起，那些為我們準備好的歡愉就不會再來到了。

第六章：
我們可以歇會兒嗎？

　　最初的我，站在生命的開端觀望過這個世界。那時，我規劃著開始一場自由自在、無憂無慮的生活。而如今，鋪滿花瓣的道路因我匆匆的腳步而變得模糊。腦海中，總是蹦出無數個奇思妙想，又被自己扼殺。胸腔中，總是冒出無止境的欲望的呼喊，我抑制不住它，它即將跑出來了。

　　原本幸福而簡單的一生卻因為這些該死的欲望變得浮華，我已經無心觀景，就這麼匆匆忙忙地跑到了這裡。

　　我已經很累了，我們可以休息一下嗎？

千里迢迢的疼痛

如果，我們做自己的觀眾，就會發現，那個說深愛你的人也並非對你難以割捨，只是因為你在他心中，有一種莫名的地位，說不上是愛情，也不一定是友情，準確點說是一種需要。而有一天，你在他心中的地位急劇下降，那麼他說不愛你，也是早晚的事情。

如果，我們做自己的觀眾，就會發現，學了這麼多年的知識，看了那麼多寓言和智慧故事，裡面那個愚蠢之極，甚至惹得自己開懷嘲笑的愚人正是自己。

書本中常常談起驢子背糧食過河的故事，卻從未有人把自己比作驢子，不僅是因為牠生來醜陋，無所爭鬥，更是因為牠在故事中的愚笨。

驢子在主人家受了氣，於是就背上幾袋糧食和乾草，打算到河對岸的另一處生活。一路上，驢子想念著主人對自己的折磨，想起過去種種的辛苦，不免恍神，在過河的時候，驢子一個不注意，袋子裡的乾草不小心掉出來一些。驢子馬上回過神時，放下所有的糧食和乾草去撈丟失的乾草。

但是由於河水在緩緩流淌，乾草早就不見了蹤影。驢子非常失望，心疼那些落水的乾草，又背起剩下的東西上路了。邊走邊落淚，結果不留神跌了一跤，身上的一袋糧食開了，嘩嘩地掉在水裡。這下驢子心疼極了，趕緊放下剩下的東西，去水

裡撈糧食，卻什麼也沒撈著。

　　驢子傷心地哭了，想著自己這一輩子，任勞任怨地工作，還得忍受著主人的摧殘，好不容易下定決定，自己上路了，卻發現，外面的世界也並非那麼五彩繽紛。一路上，驢子受了不少傷，樹枝刮的，寒風吹的，蟲子咬的，面對著一身的傷痛，驢子還能忍受，可是如今，連糧食也都丟了很多。這下，驢子再也忍不住了，坐在橋上哇哇大哭。

　　路過的許多動物都過來關心牠，問牠到底怎麼了。驢子向這些動物們訴說了自己的苦難，動物們也開始發表自己的觀點。兔子說：「你為什麼不吃紅蘿蔔？幹嘛帶著一堆不好裝的糧食上路？」狗說：「幹嘛不回到主人的身邊，雖然他經常打你，但是你畢竟不用經歷這麼多磨難。」狐狸說：「要我說，你就乾脆把糧食賣給人類，換點實惠的錢財，要是需要我幫忙，我就幫你把糧食賣了，你分我點錢就好了。」牛說：「不就受了點傷，至於嗎？我每天受的苦比你還多，不還是活得好好的嗎？」

　　驢子聽了牠們的話，百感交集，哭得更加厲害，因為這些動物雖然關心牠，但是沒有一隻動物真正懂牠。牠終於明白了，在這個世界上，唯有冷暖自知。別人再關心也好，再著急也罷，都不會因為你的傷痛而疼痛。

　　驢子擦乾眼淚，收拾好所有的東西又開始上路了，這次，牠告別了兔子、狗、狐狸還有牛，牠要讓自己堅強，不再做那隻被人們寫進寓言故事的愚蠢的驢子，不再為了些許失敗就痛

哭流涕，即便眼前千里迢迢的道路上一定會有無數疼痛，牠還是想堅強地走完。

　　故事的結尾被我放肆地篡改了，因為我理解那隻驢子，牠不僅僅活在故事中，更是活在每個人的心中。沒有誰能夠真正懂你，因為他不能體會到你的感受，所以人注定孤獨，所以也沒必要整天唉聲嘆氣，因為別人怎麼想你的都有，就是體會不到你心中的感受。

　　所以，有時候，我們顧影自憐可以，但不要四處裝可憐，沒人會真正懂你，來時那千里迢迢的疼痛。

鋪滿鮮花的道路

如果人生路上僅僅是需要鮮花，那麼反而顯得簡單了，可是除了鮮花之外，還有愛更加值得我們去珍惜。那路上鋪滿的都是愛啊，哪兒有什麼鮮花？但這愛比花要豔麗得多，我們看得到嗎？

小月出生在一戶普通的家庭，母親是一名鄉村醫生，父親沒有讀過書，一輩子都在當工人。母親在小月很小的時候就對她說：「小月，以後妳會懂很多事情，會發現這個世界的美與醜，但是一定要相信愛。」

母親既善良又溫柔，平時對待小月非常細心。可是小月覺得母親對父親不好，總是指責父親這做不好，那做不好。有時候，小月挺心疼父親，無奈自己還小，也不知道該做什麼。

轉眼之間，小月已經成年，父母也變老了。母親常常對小月說：「小月，這一輩子太匆匆，每次想要休息就有其他的事情來搗亂。不過我們一家終於沒有那麼大的負擔了，家庭情況也比過去強多了。」

母親一輩子醫治了無數的病人，卻從來沒有想過自己會病倒。她總是笑著說，希望黃泉路上鋪滿花瓣，這樣她就不必因為恐懼而畏懼趕路，她就可以聞著花香而不必害怕自己腐爛。

父親皺著眉頭，六十多歲的人了，即便不皺眉頭也都是滿臉皺紋。他跑去各大書店，舊書攤，買來許多和母親的病情相

關的書籍。他讓小月看看還有沒有什麼方法可以一下子讓母親好起來。最後，一字不認的父親居然自己研究起醫學來！

他拿著自己選擇的方子，又跑去中藥店抓來中藥，煎好了給母親喝。母親學的是西醫，最不喜歡中藥的味道，於是就罵他：「你這個老頭子，竟然害我！這麼苦的藥，還不知道有沒有毒！沒常識盡找麻煩。」父親聽到母親罵他，跪在地上老淚縱橫，他說自己的一番心意只是希望母親能好起來，祈求母親別拒絕他。

母親看到父親傷心的樣子就心軟了，她想到自己不久於人世，就由著父親給她喝中藥。結果母親的病情竟然有了好轉，而且生命超過了醫生說的四個月。而六十多歲的他日復一日地看著醫書，熬著湯藥，放棄了喝酒，放棄了抽菸，放棄了所有的壞習慣。

最終，母親還是離開了，但因為父親的努力母親多活了一年半。他望著母親的照片對小月說：「我和她說好了，如果黃泉路上，沒有鋪滿鮮花，她就等我。等到去了，給她帶去一捧鮮花。」

後來小月的父親像個孩子一樣哭了，他扯著沙啞的嗓子趴在母親的墳墓前，大喊著：「妳走了，誰還來管我啊？」

我想，如果我的愛人早已為我在人生路上鋪滿花瓣，那麼我是不是該懷著欣賞的眼光去踏上這條路，而不是懷疑或者嫌棄？我們都會愛上一個人付出很多很多，可是我更希望在一個夜晚，倚著他的肩膀，歡笑或者流淚，都有人陪。

因為忙嗎？

人們常說：人生苦短，及時行樂。可是真正能做到「及時行樂」的人又有幾個呢？誰不想過上好日子，誰不知道「人生苦短」？但就是不知道這「及時行樂」中的「及時」是什麼時候。

身邊的朋友、家人、自己，哪個不常常抱怨遺憾？「要不是」、「假如」、「如果」成了我們的口頭禪，但機會真的擺在眼前，又有多少人會去珍惜呢？

你是否有這樣的感受：當你想旅行的時候，卻發現被身邊的種種因素制約著。你打算先做好手頭的工作，把旅行用的錢存下來，等到以後「閒來無事」的時候再去享受。可是卻發現，事情並非你想像得那樣簡單。除了時鐘在不斷地擺動，日子毫不留情地在時空中穿梭，我們同樣永遠無法達到「閒來無事」的境地。因為你的願望會隨著漫長的人生而越來越多，旅行除了給自己帶來快樂之外，「沒有半點好處」。所以，還是先做比較「有利」的事情吧！

當你真的有空閒去享受時，才發現自己時日不多，年老體衰，別說去旅遊了，就是去市區購物都不再有力氣。錢是存下來了，可是孩子還得用呢，又是出國，又是創業，還得成立家庭，自己一輩子奮鬥下來的積蓄全給了他們。

有人說，我們本來就是為了別人而生的，要讓別人過上好日子，也就值了。但這樣的生活到底值不值得？

　　小恩是個有志青年，今年剛畢業的他在一家外商上班。為了能讓父母抬起頭來，拚命地工作，常常加班到深夜，就連談戀愛的時間也犧牲掉了。幾年之後，小恩成了外商名人，由於得到了上級的重用，小恩經常要出國辦公事。

　　這次，小恩獲得了外商評定的五星級員工獎，已經很久沒打電話給家裡的小恩，在這個時候終於想起了年邁的父母。拿起電話時，小恩忽然想起，奮鬥了這麼多年，父母一定會為他的成績感到自豪的。

　　「喂？你找誰？」電話打通了，那頭傳來一聲沉悶的聲音。

　　「爸，是我，小恩。」儘管父親的聲音變得更加滄桑，小恩卻並沒有注意。

　　「小恩啊，你可算打電話來了，我和你媽都想死你了，你什麼時候回家啊？工作順利嗎？需不需要錢呀？」父親一聽是小恩，原本想責怪他怎麼這麼長時間不回來看看，話到了嘴邊卻成了關切地問候。

　　「那個，爸啊，我工作挺順利的，公司剛把我評為優秀員工，打算升遷呢。最近挺忙的，過一陣子再看你們去。你和我媽保重身體啊，過兩天我匯錢過去！」小恩沉浸在愉悅的心情中，根本沒聽見電話那頭父親的嘆息。

　　「你媽她……」父親還要說什麼，小恩卻已經掛斷了電話，和身邊的人聊起天來。

　　兩個月後，父親打來電話，小恩正在開會。小恩不耐煩地

掛掉電話，就把這事給忘了，一個禮拜之後小恩想起這件事，往家裡打了通電話，才得知母親已經得病去世了。

小恩是個孝順的孩子，可是他的孝順放在了心裡，不在行動上。為了能讓父母生活得好一些，他竭盡全力地工作，誰知，自己還未盡到孝心，母親就去世了。

生命中確實有很多無奈，但無奈有時是命運的安排，有些則是自己的疏忽。因為忙！一個「忙」字，阻隔了多少情感？我們都渴望成長，但成熟不是教我們把忙碌當作自豪。

如今，因為忙，兩個曾經形影不離的朋友可以形單影隻；因為忙，多麼想念的情人也可以對望天涯；因為忙，父母再殷切的盼望都只能黯然失色。但我們的忙是為了什麼？為了讓別人看得起嗎？為了讓大家的生活過得更好一些嗎？

你是否問過在乎的人一句：「你在乎的是什麼？」你會發現，得到的答案可能正和你努力的事情背道而馳。

「忙」成了二十一世紀最頻繁的名詞，它是罪惡的，比殺戮殘忍，因為它的出現，扼殺了人與人之間真摯的情感。所以，忙不是藉口，試著尋找來時的道路，可能大家都在原地等著你呢！

相惜莫相離

　　如果我有幸遇到那位值得珍惜的愛人，一定不會輕易說放棄。因為能夠相識、相知、相愛已經是莫大的緣分，又怎麼可以因為俗世而不顧他千里迢迢來到而選擇離開呢？

　　她結婚了，卻從來沒有想過自己會在 24 歲的年紀就步入婚姻的殿堂。她曾經幻想過自己的婚禮，應該是在教堂裡舉行的，隨著神父的一聲聲祝福，親朋好友獻上最真摯的掌聲。她幻想那個男人的求婚應該是開著豪車，捧著鮮花在她家樓下等好幾個小時，還不發脾氣，對她說：「嫁給我吧！」

　　可是，她也不清楚為什麼自己會答應這個憨厚的男人。他沒有王子的氣質，也沒有貴族的金錢，他沒有機靈的頭腦也沒有帥氣的外表，她在心中問了無數次，真的要嫁給他了嗎？

　　他的父親是開農場的，而他從小就要做很多的農事，沒有太多的交際經驗，也沒有讀過太多書。他總是默默地微笑，而她喜歡浪漫。

　　結婚之後，天氣漸漸涼了。漫長的冬天裡，下了無數次的鵝毛大雪，但屋子裡的溫暖還是讓她得到了一些安慰。她在做午飯的時候，看到丈夫正在沙發上專注地看足球比賽，她把飯菜都端到桌子上，丈夫還在沙發上看足球。

　　她對此非常不滿，不來幫忙也就算了！飯菜都擺到桌子上還在看球！她一個人正生著悶氣，想起了早上邀請丈夫去看電

第六章：
我們可以歇會兒嗎？

影的事情。丈夫懶散地說：「還是別去了吧！我們去電影院要走很長的路程，而且外面下著大雪，公路也不能走啊！」

這種生活成了她的煎熬，她開始後悔自己倉促地嫁給了這麼一位不懂情趣的男人。如果是那位追了自己好幾年的男子，一定會風雨無阻地陪自己看一場電影吧！她越來越責怪男人不懂她的心，男人也從來不表示什麼。

終於，寒冷的冬天過去了。當她終於可以去電影院看電影的時候，卻接到了母親打來的電話。電話那頭是母親虛弱的聲音，需要她去照顧一下。

也許是因為母親的病，也許是長期積壓的怨恨，她和丈夫吵架了。她嚷嚷道：「當初我嫁給你，是想讓你給我好的生活，可是這還沒一年，你就讓我體會到了痛苦！你不懂我，也不願意來討好我！我想，還是讓我們的婚姻休息一陣吧！」

丈夫靜靜地把她送到機場，給了她一個簡單的擁抱，沒有什麼安慰的話，也沒有過多的表情。她真的憤怒了，在她最煩心的時候，丈夫居然是這樣的狀態！他讓她十分失望。

她強忍著淚水踏上了回家的路程，幸好母親的病情並不是很嚴重，這讓她稍微有了一絲安慰。母親關心地詢問她的婚姻情況，她沉默不語。於是，母親帶她去看了那場嚮往已久的電影。

丈夫偶爾會傳來訊息，但大部分都是在詢問母親的病情，還有農場最近的狀況。她剛開始還希望丈夫會說一些甜蜜的

話，可是時間久了，她也就麻木了。原來，丈夫真的不關心自己，她默默地把訊息全部都刪除了。

母親的病好了之後，她又飛回了那個讓她傷心的地方。她遠遠地就看見丈夫站在汽車前向她招手。她卻失望地想：「他為什麼不準備一束花？」接著她就發現丈夫手裡拿著一個紙盒，她盡量讓自己保持優雅，走了過去。

「親愛的，你可算回來了！」他出乎意料地在她的臉頰上刻上一吻，她的臉頰立刻蕩漾起一片緋紅。他對她解釋道，自己不太會說話，想起她的時候就寫信，裡面還有兩張電影票。

她驚喜地拿過紙盒，發現裡面放滿了信紙，電影票上正是她一直想要看的電影。她激動地說不出話來，只知道自己的眼淚不聽話地流了出來。原來，有時候，愛一直都在。

所以說，我們經常以為自己最缺少的就是愛，缺少別人對自己的關心，缺少浪漫的對白和感動，但其實人們生活在一起，最重要的就是實實在在，而不是所謂的浪漫。如果一個人肯為了我們一輩子專心付出，已經是最大的浪漫了。

世俗淡泊

有些人喜歡奔跑，有些人喜歡漫步，有些人喜歡傾訴，有些人喜歡沉默。也許每個人的追求和夢想千差萬別，但惟獨有一樣是相同的，那就是不負人生。可是，人生究竟該如何度過呢？

偶爾，我會希望自己退去一身稚氣，立足於職場當中，著西服，高跟，假裝成熟；偶爾，我會希望自己擁有一家店，不管是賣飲品，還是賣服裝，面容熱情，笑容大方；偶爾，我會希望自己靠著勤勞當上一個學者，戴個眼鏡，拿個資料夾。可是，我更加嚮往自由，嚮往寬鬆。

最近在網路上看到一篇〈商人與漁夫〉的故事，當我讀完之後，發現自己確實該思考一下：

一個美國人乘船來到墨西哥海邊的一個小漁村。

碼頭上，一位墨西哥本土漁夫正划著一艘小船靠岸。小船上收穫了好幾尾大黃鰭鮪魚。墨西哥漁夫熟練地收拾著小船上的工具，美國人上前對漁夫能抓到這樣高檔的魚恭維了一番，然後問道：「您抓這些魚花了多長時間呢？」

墨西哥漁夫回答說：「這個不難，只用了一會的工夫就抓到了。」

「那你為什麼不多花點時間去抓更多的魚呢？」

「可是這些魚已經足夠我一家人所需了呀！」

「那你一天剩下的時間做什麼呢？」

「我啊，每天睡到自然醒，出海抓幾條魚，回來和孩子們玩一玩，中午和老婆睡個午覺，黃昏時到鎮上逛逛，喝點小酒，晚上和兄弟玩玩吉他，過得既充實又忙碌呢！」

美國人聽到這樣的回答，很不以為然，他幫漁夫出主意：「我是美國哈佛大學 MBA 的，我可以幫你的忙。你應該每天多花一點時間去抓魚，你把很多的魚賣掉就可以買更大一點的船，接著你就可以抓更多的魚，再買更多的漁船。然後你就可以有一個漁船隊啦！到時候你不必把魚賣給魚販子，而是直接和加工廠聯繫，自己開一家罐頭廠。你可以控制整個生產、加工處理和行銷。接著你就可以離開這個小漁村，搬到墨西哥城市去住，再搬到洛杉磯，最後到紐約。而你的企業將會被不斷擴充。」

漁夫聽著美國人自信滿滿地講述賺錢的好方法，問道：「達到這樣的效果需要花費多少年呢？」

「十五年到二十年。」

「然後呢？」

美國人笑著說：「到時候你就可以待在家裡賺錢了。你可以宣布股票上市，把你的公司股份賣給投資大眾。到時候你就可以賺幾億的錢！」

「然後呢？」

「到時候你就可以退休了。你可以隨心所欲地生活，搬到靠

近海邊的小漁村，每天睡覺到自然醒，出海隨便抓幾條魚，和孩子們玩一玩。再和老婆睡個午覺。黃昏時，逛到城鎮上喝點小酒，晚上和兄弟玩玩吉他。多麼美好的生活呀！」

漁夫笑著說：「我現在不是已經這樣了嗎？」

漁夫的一句話讓我找回了自我。突然間發現，我根本不知道自己忙忙碌碌，周而復始的一天天忙碌究竟是為了什麼。或許，我並不笨，只是缺少了對人生真諦的體悟。難得我們健康，年輕，有理想，卻為了所謂的成功在盲目的努力。

過去，我分不清楚成功究竟是什麼。也許，我就像那個美國人一樣，掌握著對資源，對金錢的興趣，以為只要努力，用不了多少年，我們就會變成「有錢人」、「專家」、「成功人士」，可那真的是我們想要得到的嗎？

如果，漁夫聽了美國人的話，幾十年之後他成了億萬富翁，他會發現，自己已經不再是那個輕易下海的年輕人，妻子不再貌美如花，孩子不再天真無邪。他會留戀自己「一無所有」的日子嗎？ 一切的一切都在變化，我們不能因為明日的享受而忽略了今日的快樂。因為明天還很遠，誰能保證不再變了？

妄想

　　晌午，吃過午飯的我在房間裡看書，忽被一陣嘈雜驚擾。聲音從窗外傳入，立刻覺得不舒服。放下書，走到窗前，掀開紗簾往下看去。一群披麻戴孝的人在馬路上停留。

　　有人去世了！這是我的第一反應。緊接著，便是好奇心驅使我繼續觀望。畢竟這種在大街上出殯的事在城市裡已經不多見了。

　　他們僱了一些專門辦喪事的人員，在棺材旁邊又哭又唱，傳遞給周圍的人一股寒氣。而我也隨著這種氣氛，冒起了雞皮疙瘩。

　　我問朋友：「你說假如我去世，會不會有很多人也替我辦一場喪禮，就像這麼隆重。」其實，「隆重」這個詞有些不正確，畢竟這不是什麼好事，我的意思是「有模有樣」。

　　朋友連忙著急地對我說：「閉嘴！說什麼呢，別整天死死的，多不吉利！」

　　我不好意思地笑著，走回了自己的書房。

　　人們都是這樣，畏懼死亡。好像「死亡」是一隻聽話的死神，誰的嘴裡一提起「死」，死神就歡快地跑來尋找那個呼喚它的人，然後高高興興地把他帶走。

　　有趣的是，儘管很多人都懼怕死神找到自己，卻從來不覺得自己會死亡。為什麼這麼說？你看那貪吃者，滿身肥肉卻還

第六章：
我們可以歇會兒嗎？

在談論去哪裡吃飯，你看那貪財者，腰纏萬貫卻還在想著去哪裡賺錢，你看那好鬥者，傷痕累累卻還在嚷嚷著去哪裡打架。節制飲食並非只是為了節省糧食，宣傳禮節也並非道貌岸然。可是很多人並不那麼覺得，好像這些規定全是為別人制定，與自己無關。

只有當他因為吃太多而送進醫院，因為疲憊不堪而被送進醫院，因為滿身傷殘被送進醫院，才會醒悟般地悔恨：「我再也不多吃了！我再也不光知道賺錢了！我再也不到處打架了！」人們總是妄想那些生老病死與自己無關，卻不知道這些東西與生俱來。

沒有人會在乎「把每天當成是末日來相愛」，他們恨不得有數不盡的未來，每天都是新的一天。可明日究竟還會不會出現，對於每個人來說都不一樣。

「死亡」不是詛咒，它是提醒我們要過好每一天，而不是準備過好明天。在這晴朗的天空中，如果每個人都把明天當作「世界末日」，我們應該是相愛的。情侶們都不要吵架、父母都和睦相處，子女孝順，多好。

人們妄想能從命運的夾縫中多貪戀幾年凡塵，可是那又能怎麼樣呢？人終有一死，無法改變。人們妄想尋求富有、美麗，尋求魔鬼與天使的保護，尋求上帝與諸神的恩典，可是又能怎麼樣呢？人終有一死，到頭來都是一場空。所以，我們不該妄想在世上貪圖享樂，不該妄想在這世上尋求什麼，生不帶

來，死也帶不走。

　而我也妄想過明日就末日，世界卻依舊在轉動，溪水依舊在東流。也許，人類的妄想僅僅是妄想，大自然根本不予理會，生命依舊在輪迴。所以說，妄想並不能阻礙大自然的發展，又怎麼會讓我們得到「心想事成」的結果呢？

花園的雜草飛揚

如果有一天，我們無法控制心中的雜念，作出了傷害親人和愛人的事情，就請先休息一下。我們一定是在人生的道路上差點迷路，差點走不回來。我們也許會因為一個念頭丟失了自己，也許會因為一句話毀掉了自己。可是，我們不能毀掉身邊的人，不能傷害到他們。所以，如果我們心煩意亂的時候，請靜一靜。

他知道，就那麼一眼，就愛上了那個正在為百合花澆水的女孩，她美得讓他不敢靠近。在滿園五彩繽紛的鮮花中，她猶如一朵最絢麗的花朵，深深地迷惑了他。

他們相戀了。兩年之後，婚禮在當地的教堂舉行。他說，那是他一輩子最幸福且難以忘懷的時刻。每天早晨，他都會被她做的早餐喚醒，在每個精力充沛、陽光充足的早上，他們都會精心地呵護花園裡的每一簇花朵。

如何識別幼小的嫩枝和雜草，如何修剪花枝，他笨拙地學習著。他對她承諾：以後絕對不會讓這座花園長滿雜草。

可是，年輕氣盛的他又怎麼敵得過寂寞。半年之後，他開始不滿於過這種平淡的生活，他要到大城市紐約去，那裡有他的事業，有很多朋友。在他再三堅持下，妻子決定支持他做事業上的園丁。

忙忙碌碌的業務往來，讓他幾乎每天都是半夜才回家。他

再也沒有心情去關愛妻子，也忘記了當初許下的諾言。生活的快節奏讓他閒不下來，金錢和股市占據了他的腦海。漸漸地忽略了身邊的她，他似乎一樣很久沒有和她深談過了。

沒有時間陪她去看演出，沒有時間陪她去逛街，也沒有時間陪她吃一頓簡單的晚飯。他的諾言消失在空氣中，彷彿從來沒有真實存在過。

五年之後，他已經是公司高層主管，日子看似比過去好了很多。他的妻子穿著鮮亮的衣服，睡在昂貴的床上，吃著鮮美的食物，只是有他陪的時間越來越短，每次都是她一個人。

電話打來的時候，他還在開會，那是個不好的消息──他的妻子得了重病。他原以為妻子可以照顧好自己，卻不知道她少了他已經是最大的創傷了。

其實，她一直惦記那座美麗的花園，而他卻總是記得自己的成就。就連她生病了，也是在他開完會之後才跑來看她的。她的心已經冷了，不再需要他了。

這麼多年，她都是一個人過日子，也不需要他一定在身邊。所以她選擇了離婚。而另一邊得到這個答案的時候，如同被人用一棒打醒。想起多年前的那個午後，她美麗得像一朵花兒，他不但沒有好好呵護，還差點讓花兒枯萎，實在是失職！

他想懺悔，他祈求妻子的原諒，可是她心意已決，不再任憑他擺布。思來想去，他們決定再次回到當年的花園，把曾經生活過的地方再走一遍。

第六章：
我們可以歇會兒嗎？

　　他望著滿園長滿雜草的花園，慚愧地說不出話來。當年的諾言變成了灰燼，曾經美麗的花園還是長滿了雜草，原本美好的愛情也因為他沒有空經營而變得冰涼。

　　他終於意識到自己的問題，在回到這裡的那天開始，他就專心修剪那些被忽略了很久的花朵，讓花園又恢復了原來的生機。這些行為都被妻子看在眼裡，漸漸地原諒了他。他們又像剛在一起的時候那樣，邊澆水，邊說笑，日子過得無比逍遙。

　　無論什麼時候，我們都務必要留出空閒來打理心靈的花園，讓花園長滿美麗的花朵，散發出芬芳給每一個人，而不是長滿了雜草，不管什麼時候都亂無頭緒。情感是這樣，工作也是這樣。

　　只有懂得騰出時間來，才會擁有更多美好的東西。畢竟人間的美麗也是很多花朵無法媲美的，只是人們都忘記了而已。

清風中感動

燥熱的夏天讓人們坐著、躺著都變成了一件難熬的事情。如果不是屋子裡裝了冷氣，真覺得我們會被烤成肉片。週末在家休息，從起床開始我就一直在吹著冷氣看電視，其實有那麼一瞬間也覺得自己很幸福。

可是，這種幸福的氣氛還未傳播開，就被突如其來的停電打擾了。我坐在沙發上，就那麼一下的功夫，空氣中就由溫變熱，最後就成了「三溫暖」。

「什麼情況？ 居然停電？ 電視不看也就算了，冷氣都不能用？ 把我烤熟好了！」我趴到沙發上，抱怨道。

「這麼點小事就能讓你抓狂啊？ 要是沒發明出電你該怎麼辦呢？ 才用了多久的冷氣？ 沒冷氣你就活不了了？」母親一邊收拾屋子一邊對我說，好像根本不受溫度的干擾。

「媽，這麼熱，坐也不是，站也不是。真倒楣，過個週末還這樣！」我繼續抱怨道。

「你怎麼不試試去感受下清風的涼爽？」

「空氣都這麼熱了，哪兒還有清風的涼爽？」我真懷疑母親是在和我開玩笑。

「你來這裡坐，一下子就能感受到了。」母親拿著兩個板凳，已經坐在她說有涼風的地方，示意我也坐下來。

我懷著半信半疑的煩躁態度，拿了一本散文集，靠在窗邊

第六章：
我們可以歇會兒嗎？

坐了下來。母親在縫補我的衣服，我安靜地看書。沒過多久，我發現自己竟然不煩躁了，還很享受這種讀書環境。我剛想要和母親說這件重大發現，卻發現她正在專注地縫補。

她的臉上已經有了些許的皺紋，雙手也變得粗糙，不知道是不是這裡陽光比較充足，我看到了許多平時未曾發現的細節。她從來不說自己累，也不說自己辛苦，卻把愛都給了我。突然，一陣清風吹過拂動母親略白的頭髮，我才驚恐地發現，她早已不是我眼中年輕漂亮的母親，有些陌生，有些熟悉。

究竟有多久沒有仔細地看過母親了？清風？對，在這燥熱的空氣中，真的有清風流動。只是因為我的狂躁，因為我一直需要冷氣，而忽略了它。清風帶給我安寧的心靈，這才讓我看清了已經變老的母親。

也許，那清風就是母親的象徵吧！即便被我怎樣忽略，怎樣抱怨，都會在一旁默默的支持著我，為我送上最好的禮物，即便我根本不需要，她也不會離開。如果不是冷氣突然停下，我還沒有發現，自己其實不需要冷氣，而是缺乏感受生活的心靈。

清風中，母親比我手中拿著的散文集更有魅力，我希望這陣清風可以一直吹下去，讓她額頭上的汗珠消失，我希望這一刻能夠暫停，讓她的人生走得不要那麼快。為我付出了那麼多的人生，她還未好好地享受自己的人生呢！

命運，她賜予我的不僅僅是生命和感動，還有她的人生，倘若你這麼奪取了她的青春和歲月，是不是太狠心了點？

喋喋不休

朋友說最近遇到了一些小麻煩，想和我傾訴下。我當然非常樂意，畢竟我總是從別人的故事中得到啟發。

他向我傾訴說，他最近找了一份工作，可是公司的同事好像都不太喜歡他。我懷疑是那個公司比較排外，他馬上否認了這一點，因為他剛去的那個星期大家對他都不錯，但是後來不知道因為什麼就變成這樣了。

當我向他詢問究竟發生了什麼事情時，他茫然不知地對我說：「你還不了解我嗎？我真的沒做什麼，要知道，即便我真的要犯錯誤也不會傻到還沒簽就業合約就開始吧？而且為了能和他們更好地相處，我特意多讀了很多書，就是為了到時候有話要說。」

以我對他的了解，我的擔心倒是不大，因為他能言善辯，知識淵博，相信在業務才能上都會很優秀，問題究竟出在什麼地方了呢？

「你知道嗎？要不是因為上次那個公司的主管太過分，自己私吞了那麼多錢，卻不肯發獎金給我們，我也不會跳槽。那天，我也和現在的同事說了，其中一位同事過去也是這樣，被領導壓制得喘不過來氣才逃出來的。他過去自己還做過買賣，聽說被騙了不少錢呢！這個世道真黑暗啊！」他開始向我抱怨，我只是笑著看著他，並不知道該說些什麼。

「你說要是自己做買賣是不是比在公司好多了？即便是賠

第六章：
我們可以歇會兒嗎？

了點錢，也比較自由啊！不必非得看主管的臉色，是不是？你說我做什麼買賣好呢？難道是服裝生意嗎？也許是個不錯的主意，店鋪選在哪裡好呢？」他自顧自地說著，根本也不管我到底有什麼反應。其實我這個時候早就起身，做好了逃跑的姿勢。

我竟然忘記了他的「口才劫難」！大家都知道他是一位聊天無止境的人物，誰和他聊天，如果你不喊停，他是不會意識到自己已經說到天南地北去了。而恰好，大夥都是礙於面子，沒有人會唐突地喊停。

我的立場變得有些尷尬，儘管我是為了排解他心中的煩悶而來，如今我卻站在一旁，悶悶不樂。如果我這個時候再表現得熱情一些，估計晚上都不需要吃飯和睡覺了，他的「演講」能持續無限輪迴。

半個小時過去了……一個半小時過去了……他絲毫沒有停止的意思，也根本不需要我調節。我真的希望能夠有一個朋友來幫我解圍，那樣我就可以脫身了。我在心中暗暗說道：「他還真是喋喋不休啊，都快趕上隔壁的小青了，兩個人都是這樣，說起來沒完。」

小青是個大學生，聰明活潑，就是話有點多。突然，心生一計，為什麼不讓小青來和他聊？這樣我不就可以休息會兒了嗎？請原諒我沒有專心地聽他講話，因為他的話題越來越離譜了。

「你稍等下，我去叫個朋友來，你們認識一下。順便中午都在我這兒吃吧！」我鼓起勇氣打斷了他的話，拿起電話把小青叫來了。

他們兩個人簡直一見如故，幸好今天家裡沒人，要是讓父母看見，還不知道要怎麼說我怠慢了他們。我在廚房裡做飯，客廳不時地傳來一陣陣地笑聲，我終於可以解脫了！然而，過了一段時間，我就只能聽見小青的笑聲和話語了，難道我那個朋友不喜歡小青？

我偷偷地往客廳看了一眼，朋友正陪著小青笑著，可是他簡直一句話都插不上！小青和他聊如今的大學，聊理想，聊未來。這下讓朋友也體會了我們的平時的心情。

吃過中午飯，小青因為有事提前走了，朋友對我說：「小青實在太能說了，太過熱情了，我只是想和她探討一下她所學的專業知識。可是她卻和我說了很多我並不想知道的事情。也許，我已經明白了為什麼同事們都不喜歡我或者躲著我了。」

「哦？」我驚訝地看著他，難道吃一頓飯就能想明白了？那還不如直接請吃飯呢！

「我之前從未意識到自己的熱情會成為問題，可是我現在才知道，喋喋不休也是一種錯誤。得當的健談是對的，但是如果不分時間，不分地點，就會惹人厭煩了。畢竟別人只是需要知道一點點，你卻給出了一大堆人家不想知道的事情。」他對我認真地說這些話。

我想，他應該是明白了，有時候連聊天也應該適當地停一停，緩一緩，而不是喋喋不休。

第六章：
我們可以歇會兒嗎？

束縛不住的心

「這個爛地方，能不能不這麼塞？我就覺得奇怪了，怎麼每天都這麼塞？」坐在車後坐上的朋友楠氣憤地甩掉外套，大聲地叫罵。

我們本來是打算去郊區遊玩的，聽說那邊又新開發了景區，所以想借著週末大家都有空的時間出來聚一聚，結果發現事情遠沒有我們想想的簡單。

一同去的還有超超、露露，大家本來挺好的心情，卻因為堵在路上而怒火中燒。楠喊了一嗓子之後，車裡就亂成了一鍋粥。

「你喊什麼喊？本來心就煩，還亂叫！」露露也有些坐不住了。

「我憑什麼不能喊，又不是你們家的地方！你管得著嗎？」楠也絲毫不示弱，也許，在這種浪費生命的塞車生涯中，吵架也是一種不錯的發洩方式。但他們的吵架嚴重影響了我和其他人。

「要不是這裡塞車太擠，信不信我把你們都扔下去！都閉嘴，還不夠讓你們氣死的，真倒楣！早知道這樣，就不起個大早，還不如在家裡睡覺呢！」負責開車的超超也開始發飆了！

「就是！就是！好好的週末不在家裡好好待著，非要在路上塞車！這是誰的好主意？」楠發出的問題讓我感到一陣陰風

214

吹過,倒吸了一口涼氣! 她們三個一起看向我,我無形之中被刺穿了心臟,突然有些承受不了。

我只好很尷尬地衝她們笑笑,這便是我為什麼沒有在塞車的前半個小時之後,一句抱怨都沒有的原因。我知道,如果我抱怨,就會把焦點帶過來,可是現在不用擔心了,她們已經發現是我了。

其實我只是覺得,在這個讓人們連喘息機會都沒有的社會當中,能夠週末是多麼的不容易,幹嘛不好好地利用這個機會和大家熱鬧熱鬧呢? 而且,我們前往的目的地正好是我們嚮往已久的地方呀!

在大家的咒罵聲中,車隊終於緩慢地前行了,這是一種沒有選擇的前進,因為後面已經被車輛塞住了,根本無法後退。我們幾個朋友由開始的熱情高漲,到煩躁怒罵,再到現在的麻木無視,確實提高了心理素養。

可能是因為我們知道,即便是急躁也不能使車輛前進,反而不如把自己的心態調整好,在等車的途中,讓自己的心情好起來呢!

「我提議,我們玩牌吧! 誰輸了就對著大馬路唱一首歌,怎麼樣?」楠的主意很多,這下我們有得玩了!

漸漸地,我們忘記了自己身處的位置,當然除了超超因為開車而不能玩之外,其他人彷彿已經身處世外桃源了一樣。超超也不管周圍有沒有人。唱起了歌曲。笑聲、歌聲充滿了塞車

的隊伍，緊鄰著我們的司機也被我們的氣氛所感染，從剛才皺著的眉頭，變成了笑臉。

我知道笑容是可以傳染的，卻不知道在這麼令人著急的時候也管用。他們看我們笑嘻嘻的，心情也好了許多。我知道，塞在路上的雖然是我們的身體，可沒有限制我們的心靈。

當時間一分一秒地過去，我們也終於從那片受過詛咒的馬路上穿過，飛速地開往目的地。我們看了一下時間，其實還來得及！況且，這次塞車不但沒有影響我們的好心情，還讓我們對目的地的熱情大大提升。

她們漸漸忘了我這個罪魁禍首，朋友之間就是這樣，儘管總是吵架，但還是能夠一起快樂。誰也不知道，無形之中我們釋懷了自己的心，懂得了在等待中去放鬆，去快樂的道理。到目前為止，沒有人再說害怕塞車了，塞車反而成了一種娛樂方式。

其實面對困難的時候，如果找到了合適的方式，也就不是困難了。所以說，沒有什麼是可怕的，除非你不肯找到另外一條解脫靈魂的方式。

紅綠燈

　　小王是一家快遞公司的快遞員，在我們社區送快遞已經有兩年的時間了。我們都對他非常熟悉，畢竟對於現在來說，網購已經成為一種習慣，誰還不從網路上買點東西呀！

　　過去，我每次從他手中接過東西，簽了名字，他就匆匆忙忙地離開了。儘管我對他的匆忙很不能理解，但由於他快遞員的身分，我還是表示了認可。

　　後來，我從網路上買的東西到了。我打開門，卻發現不是小王。好幾天下來，鄰居們也反應了這一情況，難道小王不做了？

　　當另外那個快遞員再次來我們社區的時候，我好奇地問了一句：「那個小王怎麼沒來？我找他有點事！」為了顯示自己並沒有那麼八卦，特意說明自己有點事找小王，其實只是藉口而已。

　　快遞員說他姓張，讓我叫他小張。小張對我說，小王前幾天匆匆忙忙地跑出去送快遞，結果被車撞倒在路上，造成腿部骨折，必須住院治療。

　　我的腦海中馬上就出現了小王送快遞被車撞的情景，也許比我想像的還要更慘一些吧！可是他就算再趕路，也不會被車撞倒吧？我繼續問小張：「那個小張，小王平時挺小心的呀，怎麼會被車撞倒呢？」

第六章：
我們可以歇會兒嗎？

「他說當時正好有一份快遞要送到馬路對面的店舖去，他看了一下手錶，還有兩分鐘十二點，人家該下班了。所以他為了趕時間就闖了紅燈。這不，我一個人現在負責兩個區的送貨。」小張無奈地說道。

原來小王闖了紅燈，怪不得被撞倒了。次日，小張又來到社區送快遞，我出門倒垃圾碰上了。由於昨天聊過的原因，他特意和我打了個招呼，對我說道：「倒垃圾啊，昨天我去醫院看望小王了。他的腿已經打上石膏了。他說他後悔死了，要不是貪快，就不會弄得如此下場。他懊悔地把手錶摘了下來，還向我發誓以後一定要慢一些，不再和時間過不去。」

我朝他笑了笑，禮貌地說道：「希望他能夠早點好起來，這樣你也可以不用這麼累了。如果他能像你一樣，肯停下來說一句話，聊一下天，就好了。」

「他會的！我先走了！」他向我揮揮手，告別了。

突然有一天，門鈴響了。我開門一看，是小王！他的病完全好了，而且看起來有些發福了。他看得出我有些驚訝，不好意思地說：「這是您的快遞，請您收好。」

我連忙道了一聲謝謝，接了過來，習慣性地要關門，卻意外地發現他沒有匆忙地離去，而是傻傻地站在門外，他對我說：「我……我……我能喝點水嗎？我有些口渴了。」

「快請進！我們平時和小王關係還不錯，只是因為話少，所以相互並不是很了解。」我熱情地招呼他進屋，母親也熱情地

端了一碗水。

「你們也聽說我之前的那件事情了吧？」小王緊張地說著，似乎那件被撞的事情讓他很丟臉。我們點了點頭表示知道。

「躺在病床上醒過來的時候，我才忽然發現自己周圍的世界慢了下來，因為在醫院裡，時間是不起任何作用的，我沒有辦法為自己爭取一分鐘或者半分鐘。即便是自以為爭取來了，卻不知道為什麼要爭取它。後來我就索性不如讓自己慢下來。我對自己說慢一點，慢一點！」說完，他喝了一大口水，看來真的是渴急了。

他放下已經空了的碗，繼續對我們說：「過去，我就算是渴了，都沒時間喝一口，更沒時間和街坊鄰居聊天，生活沒有情趣不說，連個喘氣的時間都沒有。以後有時間，我們再好好聊聊。雖然不能快，但也不能放下工作，我還得送快遞給人家，就先走了。謝謝你們，再見！」

小王離開了，我似乎不會再為他莫名的擔心了。人的一生也像過紅綠燈，做錯一步都有可能毀掉終生，必要的時候，倒不如停下來等一等。

記憶中熟悉的地方

　　如果我們說金錢是不重要的，那麼對我們來說也是不公平的。畢竟，因為金錢我們付出了太多太多努力。可是，在這個世界上，沒有一樣東西是可以極度痴迷且崇拜的，人和金錢都是一樣。

　　可是，要明白這一點，並非是件容易的事。因為當我們追求某件事物而風生水起的時候，沒有誰能夠或者說願意停下來。

　　麗娜是某雜誌的主編，自己這幾年也寫過許多文章，出過幾本熱賣的書籍。如今的她轉行做了商業界的女強人，但這一切開始得並不順利。

　　當討債公司的汽車停在麗娜豪宅前，她失聲痛哭了。這個時候，她才明白，並不是所有的職業都適合自己。而自己的貪心最終害了自己。

　　她從大學畢業到現在已經十五年了，她明白這一切失敗意味著什麼。畢業最初，她還住在幾坪的出租房裡，憑藉自己的才能迅速從一個小小的編輯晉升到了部門主管，又經過了五年的時間終於熬到了雜誌主編。

　　花了很長時間寫好的書終於可以大賣了，這讓她大大地賺了幾筆。她和她的丈夫，孩子都高興地為她準備了晚餐。她也確實幸福了一段日子。可是如今，這裡只是喚回記憶的地方，沒有了丈夫，也沒有了幸福的家。

當時的她覺得自己正值人生巔峰，應該趁機再賺一筆！於是，她決定把身家都拿出去做生意。她的丈夫當時就提出反對，但一向是女強人的她根本不能容下別人對自己的意見。丈夫看她如此執迷不悟，便帶著孩子離開了。不久便寄來了離婚協書。

儘管如此，她還是希望可以在事業上成功，也許她覺得這樣才能證明自己是對的，而丈夫是錯誤的。可是偏偏在這個時候，她遇上了騙子，不僅把她的錢都騙光了，還多騙取了幾十萬。

要怪就怪她太貪心，還不聽勸告。這樣一來，她整天在家裡幻想自己成為了商業界的大姐大，幻想各種值錢的東西都到了自己的手中，幻想各行業最高級的主管來接見自己。可是她深知都不知道如何可以把東西賣出高價錢，也不知道如何做促銷，更不知道從什麼管道進貨便宜。

所以，上帝是不會把機會留給一個沒準備的人，她失敗了。虧空了所有的錢還欠下了幾百萬的債務，此時丈夫和孩子也離開了自己。她覺得世界都不再美好，金錢不再最重要。

當她正坐在自己家門口失聲痛哭時，發現自己的丈夫和孩子已經悄悄地來到了自己的面前。她一下子抱住了他們，發誓再也不做傻事了。

丈夫溫柔地對她說：「親愛的，我已經把妳欠下的錢都還上了，只不過我們以後要過苦日子了。妳還願意重新再來嗎？」

第六章：
我們可以歇會兒嗎？

麗娜感動得什麼也說不出來。

　　不知道是不是這次的事情給了麗娜觸動，她再也不提什麼錢多錢少的事情了，而是專心致志地生活，感受每一分鐘生活所賦予的美好。她這才明白，晃眼的金錢和匆忙的時間會讓幸福美好的生活退卻出去。

第七章：
我猜著你的名字

偶爾，我會在瞬間遇見緣分。

有時，它會扮成一位白髮蒼蒼的老人，向我述說著聽不太懂的真理；有時，它會扮成一位冰雪聰明的孩童，玩著流行的玩具；有時候，它是一位明眉皓齒的女子；有時候，它又成了熱心憨厚的男子。

它來到我的世界，不需要任何通行證。儘管我至今仍沒猜透緣分這東西來自哪裡，可我依然願意把它刻在永不消失的心上。

那個即將到來的緣分，我渴望著與你相遇的瞬間，渴望與你相互凝視。儘管我還未曾遇見你，但我已經在猜測你的名字了。

猜著你的名字

夢中，那個小孩又站在大樹後面，用小刀刻著什麼字樣。我就這麼站在他的身後，不知道該不該打擾他。這樣的畫面不止一次地出現在夢中，真實而熟悉。然而，我每次想要知道他究竟在刻什麼字樣的時候，就會突然醒過來，就像錄影帶，突然卡在這個畫面。

我始終覺得這個夢境熟悉無比，也許那個小孩就是我，或者是我小時候的一個朋友。可是，我忘記了。要是能在夢中把這段畫面延續下去該多好啊，我就可以知道這究竟是怎麼樣的一個謎了。

清晨六點半，我被鬧鐘準時叫醒，它比任何東西都可信，不管你忘記也好，記得也好，鬧鐘這東西都會準時把你叫醒。爬起來洗漱的我，腦海中依舊是那個只有背影的小孩和一棵藏滿祕密的大樹。

有一種傾訴方式叫「樹洞」，也許那個小孩子正在訴說自己的夙願呢！有人說，日有所思，夜有所夢，或許我正想找個人傾訴一下自己的情感。

我打電話給圓圓的時候，她正在健身房，便讓我過去找她。我想，自己現在就是那個孩子吧，急於尋找到一棵大樹宣洩。我對她說著自己的心思，希望能從她那裡獲得一些安慰自己的話語。

「園園，我最近總是在想念一個人，可是我並不認識他。」
我有些不好意思地對園園說。

「找個機會認識一下不就行了嗎？」園園氣喘吁吁地站在我
面前，一身運動細胞正在跳躍，我想，她現在並不是我想要傾
訴的對象，還不如找一棵大樹，安安靜靜地發洩一通。

「我是說，上個禮拜，我在公車上看到一個男人，不知道是
什麼在吸引著我，總之，儘管他不帥，也不怎麼會打扮，但我
就是忘不掉他的樣子。」我簡單地對她講述了事情的起因經過
結果，希望她能夠安靜下來聽我好好說說，因為這個時候，我
能做到的傾訴對象只有她一個人。

但是，任憑我怎麼形容心中那種莫名的悸動和無厘頭的想
念，園園依然一副情緒高漲的樣子，在極度需要人陪我一起遐
想和宣洩的時候，我實在覺得她是在敷衍我。於是，我假裝有
事，迅速逃離了健身房。

走在大街上，我突然覺得自己異常孤獨，在想要說些什麼
的時候，總是找不到「樹洞」。也許，這就是人們常說的「人生
來就孤獨」吧。

那個他是做什麼工作的呢？他是這座城市的人，還是來這
裡出差的？他今年幾歲？叫什麼名字呢？我會不會再次遇到他
呢？我在心中不斷地問自己，每個話題都與他有關。我想，如
果他真的出現在我的面前，我會突然抱住他也說不定呢！

我突然掩面，我這是愛上了一個陌生的男子嗎？我只不過

是愛上了那一瞬間吧！誰知道那是種什麼感覺呢？只是，在這盛夏之際，我又如何能按捺住不安而躁動的心靈呢？

「您好，我想請問一下，這個店在什麼地方？」一個好聽的男聲傳入我的耳朵，他在詢問著什麼，一步步向我走來。我無法相信自己的眼睛，所以索性認為是夢境。但緣分這種東西誰也說不準吧！就像我日思夜想的他，如今就站在我的面前，我知道，我的夢被上帝聽了去吧！不過這祕密換來的相遇令我有些感動。

我「蹭」地站起身子，面對著他，眼睛裡開始溼潤。我也不知道有多少女生會像我一樣，有一種感動，有一種不可思議。他顯然沒有料到自己問個路就把我惹得差點哭了，他的眼神在游離，他是想離開了吧？

我在心底告訴他：「你還沒有來和我相遇的時候，我已經在猜測你的名字了。而你站在我面前，我卻不敢大膽了。」

「對不起，如果你不知道的話也沒有關係，我再找別人問問。」他的禮貌讓我著迷，我只覺得自己不由自主地把他帶到了那家店，在路上我認認真真地向他介紹了一下我自己，畢竟這是一輩子第一次相遇啊！

也許，他與我在未來恩斷義絕，但即便如此，也還是要記住我們都曾經美好。這便是緣分吧！

遇見永恆

許多年前，我坐在教室裡，看著我前桌和同桌嬉戲打鬧，卻從沒覺得他們愛得死去活來。直到高中畢業的那個下午，我才知道他們把愛藏了三年，一直愛著。

人們都說，上學的時候就要專心上學，戀愛的時候就要專心戀愛，哪有邊上學邊戀愛的道理？可是，愛這個東西不由人。高中畢業，他們在一起了，大家都送上祝福。

還記得前桌和我聊天的時候，她說，這輩子就想談一次戀愛，結婚，生子，在一起慢慢變老，可是在這個世界上，那麼多的人和事物都在變化，何談一場永恆般的戀愛？我笑著說，不可能，每個人都必須經過幾次錯誤的嘗試，才會找到那個屬於自己的愛人。

她說，如果他不是自己一輩子的伴侶，就不會再和他聯繫。我有些懷疑，畢竟在這麼一個把談戀愛、結婚、愛分成三件事情的現實中，這種想法太過荒謬。誰會保證自己愛上的那一位不是敗絮其中？誰會保證自己愛上的那一位不是色狼小人？我們誰也說不準那個口口聲聲說陪你到老的人會不會真的陪你到老。

大學生涯使我們相隔千里，偶爾在網路上遇到就說上一兩句寒暄的話，也不便多問人家的私事。又是畢業，我突然想起了她的戀情，便在網路上詢問了一句：「你和他還在一起嗎？」

她回答，當然在一起了。

答案毋庸置疑，好像這短短的幾個字在嘲笑我對世界的不肯定，我想，也許她真的可以把永恆進行下去吧！我才注意到，她的網路簽名一直是「RDNJSDA」，我便問道：「妳這簽名什麼意思啊？」她說：「認定你就是答案。」這是他們共同的簽名，也是他們共同的誓言，三年來從來沒換過。

我突然覺得臉頰發燙，是不是對愛太過於警惕，才會被愛拋棄，才會周而復始地站在愛的岔路口，永遠也遇不到永恆？我開始為自己狹隘的心胸感到難堪，極力地想把自己藏起來，好讓曾經醜陋的心理也跟著消失。

大學畢業的她去了日本工作，她傳來照片說，自己過得很好，希望他畢業之後也去找她。他說好。我想，這麼遠的距離他都義無反顧地跟著去了，如果是我或者換成別人，一定會再三考慮吧！

我開玩笑地對他說：「你這麼大費周章也要去日本，難道日本真的那麼好嗎？」他先是回覆了我一個笑臉，然後對我說：「並不是日本有多好，而是日本有她在啊！」也許，未曾見過永恆的我，不會明白他們的誓言有多麼珍貴吧！

只是好日子不多，她卻患了重病。我忽然就想起了林白的故事，也許，那種超脫生死的愛才是永恆的吧！她從日本回來，住進了醫院，我去看望過她一次。他整日整夜地守在她的身邊。

第七章：
我猜著你的名字

　　這是我們四年來第一次相見，她漂亮多了，他成熟多了，完全不是當初打鬧的同學了。我知道，如果她就這麼離開人世間，那麼永恆的愛就不會實現了。所以他們都在努力延續著那份情感。

　　直到有一天，我在自己的同學錄裡，發現了這句話：「在這個什麼都善變的人世間，我想看一下永恆。」或許她是從什麼地方摘抄的這句話吧！那個時候，我還一直笑他們傻，有什麼是永恆的呢？一切皆有時的世界，從來不存在什麼永恆！可是現在，我有些相信了。

　　不知道今年是不是結婚的好年月，許多明星陸續宣布結婚了，同學之間也有很多已經結婚了。他們還沒有結婚，她笑著說，也許，結婚就是相信永恆不存在呢？還是再等幾年吧！

　　我承認，我一直看著別人的故事成長，卻忽略了自己的感情，是不是什麼時候，我也該相信一次永恆？只有相信，才會遇到！

飄洋過海而來

人的一生，是由許許多多的緣分組成的。或許，你出現在這裡，就是緣分的安排，讓你遇見我，讓我看到你。然後我們相愛也好，厭惡也好，這輩子，只有相識是忘不掉的，因為只要你認識了這個人，那麼一輩子都會記得，不會今天認識他，明天又忘記了。

我們都曾飄洋過海來到現在的人生，只是為了和那麼一個人相遇，若是相愛在一個美好的季節，卻因為我們的急於相見而遇見得太早，並不懂得如何去愛，又或者因為我們試圖故弄玄虛而遇見太晚，已過了義無反顧的年紀，那麼我們這奔波一路的意義就不存在了。所以，恰好遇見又恰好愛上，是多麼不可思議的事情，我們又有什麼理由捨棄？

在手掌之中，那條糾纏的曲線，說明了我注定為了愛而奔波勞碌一輩子。我想，我應該是從大西洋再飄到北極海，才會遇見吧！

我們都試圖透過各種方法去獲得未來那個人的情報，卻發現一無所獲。在愛的海洋中，他還在漂泊，我們已經靠岸，誰也不知道他的目的地是不是這裡，他也不知道我們早已在岸上等待著他了。

也許，他會因為我們的等待而感激不盡，也會在靠岸的片刻，遇見另外一個即將靠岸的美女，成就一段美好的姻緣。

第七章：
我猜著你的名字

　　小虎愛上那位美女，是在十六歲跨越十七歲的那個生日聚會上。他提前靠岸了，而她在大海上，不想靠岸。

　　小虎在聚會上，唱了一首張芸京的〈偏愛〉，他想讓她知道，自己對她是一種偏愛。她是學校的班級幹部，學生會代表，是品學兼優的好學生。小虎是學校裡的問題學生，是個打架鬥毆的不良少年。

　　她之所以會來參加這次聚會，是因為她的朋友小華暗戀著小虎。這便是緣分吧，相遇不為了刻意相見，相見卻為了刻意相遇。小虎知道，自己非愛不可。

　　他暗中跟隨著她去圖書館看書，如果被她發現了，就會很不好意思地打聲招呼。他暗中送她放學回家，只是她不知道小虎的家並不在這裡。這種感動她不知，她越來越覺得小虎是在刻意接近自己。所以，他靠近，她遠離。

　　她以為他是學校老師都管不了的小混混，以為只要遠離就會過上好的生活。可是，她發現，自己照鏡子的時候會意外地找到他的臉，自己打掃教室的時候非要從他那排座位掃起不可，她躲著他也不是沒有理由。

　　因為不能去愛，所以只好逃避。這場貓捉老鼠般的愛情，顯然不會有結果。但不知道是不是緣分天注定，他們考上了同一所大學，她的成績一般，他的成績卻名列前茅。她把這一切都歸給命運，他把這一切都看作是她給的動力。

　　他明白，命運這種東西，只會給你相遇的機會，剩下的需

要自己把握。儘管那場飄洋過海的路途曾坎坷難耐，但既然已經承受過那種種的傷痕，就不能再放掉命運僅賜予的愛戀機會。

如果不是他夜以繼日地拚命學習，如果不是他偷偷跑去看了她填的志願表，要不是他時刻關注著她，他又怎麼能贏了命運，站在她的面前呢？

後來，小虎對她說，自己愛了她這麼多年，就好像在一場漂泊的海洋中，終於等她靠上了岸。他說，自己這一生，正是為此而來。

第七章：
我猜著你的名字

彼此的千瘡百孔

愛情是世界上最刻骨銘心的，也是最值得紀念的感情。如果可以，寧可犧牲十年青春，換與你再一次相遇。可是這青春何其珍貴啊，得到的結果卻是千瘡百孔。

記得有這樣一句話：我愛你，不是因為你的美麗，也不是因為你的才華，而是在多年前的午後，你走過我的窗臺，陽光灑在你的身上，我正好看見你。

愛情就像是罌粟，給你快樂的同時，滲進肌膚，浸入骨髓，讓你欲罷不能；愛情就像湖水，看似平靜，頃刻間激起千層浪花，久久都不得安寧。

三月，桃花應約展笑，青草悠悠望驕陽。空氣中彌漫著春的生機，溫暖的風掠過，就像感情一樣，可以感受，卻永遠也抓不到。

上鋪的室友毫無徵兆地大哭起來，被打擾的我不得不從安意如筆下的紅顏薄事中出來。我把心愛的《美人何處》放在枕頭旁，起身問她，怎麼了。

她的回答讓我感到迷茫，又覺得真切。

她說：「我們再也回不去了。」

她依然在哭著，我怔怔地站在那裡，一時之間不知道說什麼好。她哭腫的雙眼，血絲正一點點侵襲著，從眼球連接到大腦裡活躍著的細胞，似乎必須要撥弄那敏感的神經末梢。她開

234

始講述她的故事，我就靜靜地聽，儘管我已經聽過好多遍了。

那是她和他的故事，很多愛情故事都是這樣，一個人好像忘記了，另一個人好像永遠也忘不了。他喜歡她，追了四年。

她說，高中，好像是個必須克制欲望的特殊時期，想看電視不行，想睡覺不行，想談場戀愛更不可能。所以，她一直逃避他，無法面對。她說，懵懂的青春總是分不清純潔的友情與青澀的愛情，她以為，只要忽略，這頁總會翻過去的。所以，她選擇拒絕。

直到學測前的那個學期，他微笑地牽著她的好友，來到教室，兩個人猶如耀眼的光芒刺得她睜不開眼。她說她如此地討厭十二月的陽光，比三伏的炎炎烈日還毒，透過她的眼睛，刺進她的心。她才清楚地感受到自己是渴望他在身邊的。那陣痛讓她平靜的心破碎了好久，久到如今想起曾經的過往，殘留的碎片依舊會把她刺痛。

其實，最痛苦的，不是你愛的人不再愛你；而是，那個信誓旦旦說愛你一輩子的人，突然不愛你了。

面對這突如其來的打擊，她開始一遍一遍地問自己，是不是喜歡上了他？他是不是還喜歡著自己？她後悔自己沒有給他機會，也沒給自己留下餘地。那個男孩其實還是喜歡她，牽著另一個女孩，不過是為了惹惱她。畢業以後，那個男孩就分手了，打來電話說一直都只愛她。

可是，沒有誰會在原地等著誰，就像春去秋來，不會因為

你們的相愛而靜止在最美的瞬間。她再一次拒絕了他，比過去決絕，比過去難過。她說最傷心的事情，莫過於夢中又回到那熟悉的教室，看見他熟悉的身影，牽著熟悉的閨蜜。那夢中的幻影會給她真實的痛。她怕看到他，所以傷害著自己。

很多人都知道，有些事，有些人，一旦錯過就不會再回來了。然而，單憑一句說辭顯然不夠論證。還需要每個人去親身體會，才能理解得深刻透澈。

我們都太在意分別，卻忘記了當初相遇時的悸動。很多人都說，要是再見面，我會怎樣怎樣，只是再也回不去了。然而，我們相遇的時刻，總是又吵又鬧，責怪，辱罵。恨不得這輩子再也不要見到對方，但是當真的再也見不到了，就會在無數個月夜想起，曾經的那天，他無比美好，走過身邊，予你一抹微笑。

有些事情，後知後覺才更可怕。所以我一直認為，相遇帶給我們的不僅是故事發展的悲傷，更多的意義在於故事開始的幸福。每次見面，比分別後的「想念」、「後悔」、「來不及」要幸福得多。

在每個人的生命當中都會出現這麼一個讓你心動的人，或許是因為學業，或許是因為事業，或許是異國他鄉，相愛的人總是不能在一起。但這是你們選擇的分離，怨不得緣分淺薄，命運允許你們相遇甚至相愛，已經是恩典，還要祈求什麼呢？緣這個東西就是捉摸不透，像一章曲子，下一段旋律是揚是抑

由不得你，你只管欣賞。

　　有些人，悲戚地說：要是我們不曾相遇，該多好啊！乍一聽，很對，不曾遇見，就不會有後來的悲痛欲絕，不會有刻骨銘心。但是，為什麼等到真的想念他（她）的時候，你會祈求再給你一次重來的機會？給你一次重新認識他（她）的機會？因為相見很溫暖，很美好。

　　其實，愛情裡的結局只是贈品，相遇才是獎品，要是能早些明白，請珍惜能見到他（她）的日子，請感謝創造相遇的偉大的神啊，人生與你相見，是何其的珍貴，何其的難得。

　　就算他們曾是彼此的千瘡百孔，也還是要愛上那麼一回，因為只有這樣，青春才能散發出青澀的香氣，縈繞整個人生啊！

怦然心動

「可不經意間，有一天你會遇到一個彩虹般絢麗的人，從此
以後，其他人就不過是匆匆浮雲。」 ──《怦然心動》

一不小心就看了這讓人怦然心動的電影，其實，我最怕看
到這樣令過去重現色彩的鏡頭，因為不知道從什麼時候開始，
怦然心動的時刻被迫停在了過去。而過去是如何的遙遠，我也
弄不清楚，否則又怎麼會一直回憶，而非直接回到那個時候
呢？而非回到那個，我們還是似懂非懂的年紀？

那個時候，我遇見他，就那麼一次。好像那是個夏天，綠
蔭斑駁。校門外的馬路旁，我只是一瞥。假如說，世界上真的
有魔力這般東西，那一定是瞬間的吸引。上帝啊，請求你把我
留在這一刻！可是上帝好像很忙，你說呢？

後來，再次遇見他，他仍然迷人，卻永遠少了那一刻的魔
力。我的人生啊，是不是每個怦然心動就好像閃電，稍微一眨
眼就過去了？為什麼我再睜大眼睛望著天空，閃電就不再是同
一個？

縱使我們再相逢，也不過是一句「我們好像在哪兒見過？」
但我還是認認真真地把那一刻的側臉刻在了腦海，充滿了整個
學生時代。那是一個永遠也不可能說清楚的畫面，不復存在的
畫面，可是每個人的腦海中總有那麼幾個，誰也不肯承認。

長大後的我，開始求得心如止水，倘若有人來信時，末尾

註明：願你心如止水。那麼我便會微微一笑，但願心如止水。可是，或許連自己都沒有注意過，怦然心動時的愉悅也在漸漸消失，理智代替情感在我的心中占領了高地。有時候我也會把你忘記，有時候我也會變得讓你都不認識，可是人生從來都不知道，每當我發覺再也回不去怦然心動的年紀，心中是多麼的遺憾！如今，總是帶著通訊設備出入的我和朋友們，誰還會在意身邊有誰經過？人們都學會了微笑，把心情和怨恨全部拋給空間、微博。

可是我的人生啊，我羨慕那些正值學生時代的少年，羨慕他們心中掛念著某個如彩虹般絢麗的人，瀟灑地在運動場上打籃球的少年。我希望有人再來信時，末尾註明的是：願你怦然心動。那麼我就能再遇見他，就那麼一次。從此，怦然心動這個詞也變得奢侈。

為何今日相逢

我們的相遇都是緣分，是無數個刻意和無數個無意組成，是多少個日日夜夜的時間，一分一秒的錯過都會改變的奇蹟。如果我們的相遇不是為了相識、相愛，為了善意的安排，那又怎麼會惹得人們對相遇充滿了期待？

誰也不知道明天在公車上我們會不會遇見了那個朝思暮想的人，誰也不知道明天我們會不會在馬路上看到了丟失已久的東西。

他是一名慣犯，在這個車站已經徘徊了半個多月。他以單身女性為主要目標，也對年紀稍小一些的男生下手。對於他來說，這也是一份職業，需要他盡職盡責地完成。

幾年前，他的家庭遭遇厄運，全家的錢都補了妹妹的醫藥費，母親因此也病倒在床，再也沒有起來。父親在他年少的時候，就跟另外一個女人跑了，從此他再也沒有見過父親。

不知道是不是缺少親情，還是急需要人來安慰自己，他在外頭打工的時候，認識了教他偷東西的集團。這個集團的成員大多數都非常機靈，遇到事情也十分淡定。從這一點來看，他非常佩服集團的成員，當小偷就是拿取別人的勞動成果，反正也不需要上班那麼麻煩，為何不跟著集團當小偷呢？

有時候，人的欲望充斥了整個心臟，就很難再被淨化了。他第一次作案就非常成功，一位看似時髦的女人，走在他的前

面，不時地掏出自己的錢包炫富。他順利地偷走了錢包，裡面有數千元現金，還有不少銀行卡。

第一次成功給了他更多的勇氣，隨著偷竊技術的增長，他早已成了這個行業的著名人物。這麼多年來，他從未真正地反省過，法律知識淡薄的他也不知道自己早已可以判刑了。

這一天，他又在車站徘徊，為了不引起懷疑，他們集團都交替著去不同的車站。這個車站他已經熟悉了，半個月來，他又「收穫」了不少錢財。

「您好，先生，您也是搭這班車嗎？」就在他四處張望，尋找目標的時候，一位大學生模樣的女孩來到了他的面前，輕聲地對他說道。

「嗯，是啊。」為了不暴露自己的身分，他只好說謊。

「是這樣的先生，我這邊有兩個包，請您幫我看一下，我去一趟廁所。我拿著去太不方便了，謝謝您了！」這個女大學生並沒有懷疑他在說謊，還請他幫自己看著包。

他大大地吃了一驚，讓一個陌生人看包？這不是羊入虎口嗎？就算普通人會好心幫忙看著包，可是自己是小偷，怎麼可能看著白撿的便宜無動於衷呢？

「嗯，好的，妳放心地去吧！」他不自然地笑了，示意女大學生放心地去吧！

令他沒想到的是，就在這個時候，集團的其他人員過來通知他，今天要等的人來了，示意他該動手了。他知道，等來的

第七章：
我猜著你的名字

這個人不是一般人，他是本市最大的商業首領，是房地產業、餐飲業、汽車業的大哥大。

根據可靠消息得知，這位大哥大之所以搭火車回家是想感受一下當初創業時的那種辛苦。集團人員示意他行動的時候，他遲疑了，女大學生馬上就回來了，如果自己現在離開這裡，那麼就意味著這些東西就丟了。可自己本身就是個慣犯，還管別人幹什麼？

他也不知道自己為什麼會這樣猶豫，好像自己的天職不是偷別人的錢，而是守住這些東西。他承認自己有些迷茫了，本來為了貪便宜而答應下來的一件事情，卻攔住了自己的腳步。不管了，還是正事要緊！他這樣想著，側身看了一眼女大學生的兩個包，一個裝滿了行李大包，另一個是貼身的背包。為了不讓自己再猶豫，他加快了腳步。

火車站的提示音，安檢聲，大家嘈雜的談話聲讓他的心更加心煩，轉眼之間，他已經來到了目標人附近，可是他卻遲遲不肯動手，此刻他滿腦子都在惦記如果那兩個包丟了怎麼辦？女大學生那麼信任自己，自己卻要讓她失望嗎？

五分鐘，顯得格外地長久，女孩也不回來，內心的掙扎一直在挑戰他的極限……

「真是太謝謝您了，剛才廁所人太多了，我排了好久的隊呢！抱歉，讓您久等了！」女大學生從遠處跑了回來，笑著對他說。

「列車馬上就要開了，你快上車吧！」他假裝鎮靜地說著，看女孩拎起自己的包，迅速地跑上了檢票臺。

另外一邊，目標人也已經檢票進站了。他沒有告訴女孩，就是她的這次信任，讓他發現了自己的良心未泯。他看到目標人滿頭大汗地幫前面一位老奶奶提箱子的時候，就已經放棄了這次的行動。不管集團的人是否願意，他都決定去自首。

其實，這次來到車站，是為了完成一樁大買賣 —— 綁架目標人、勒索目標者家人。主要負責人便是這位業界名人，只是，他想，不管是陌生人還是熟悉的人，信任都是必不可缺的準則。是自己這樣的人存在，才讓那麼多善良的人變得不信任身邊人。所以他放棄了。

集團的其他人員疑惑地看著這一切，卻不知道他已經把自己的罪行端起，準備接受懲罰了……

這便是我們為何要在對的時間，遇到對的人，然後開始一段對的旅程……

當年華已逝

　　大廈門口的臺階上坐著一位花甲老人，仔細打量，他的衣服已經破舊不堪，是那種常見的軍大衣，左手拿著一個碗，右手拄著一根撿來的木棍。說實話，在這個到處充斥著騙子的社會中，不少人都對乞討之人產生了厭惡之情。我倒不是對他們厭惡，只是分辨不出真假，就當作沒看見好了。

　　我與妹妹是來大廈美食街吃飯的，恰好路過這裡，便看到了這一幕。妹妹是個愛心氾濫的人，最看不得這種情景出現，但這次，她僅僅是嘆了口氣，並沒有做出什麼善舉。

　　記得上次在路口遇到過一個穿著不知哪個中學校服的女生，傍晚時分，跪在大馬路上，周圍圍了許多人。我注意到她面前有一張紙，上面寫道：「請好心人給五十塊錢，吃頓飯。」有一個阿姨很熱心腸，問她怎麼不回家。她也只是小聲嘟囔，但是從阿姨的問話中，我基本上知道這是一個離家出走的學生，因為沒錢了，所以才乞討。

　　好心人圍了一圈，有的給出主意說：「要不我們聯絡一下妳的家人吧，讓他們來接妳回去。」還有的說：「不然找警察幫忙吧！」但是不管怎麼說，小女孩就是拒絕，意思是只要五十塊錢吃飯。

　　我看到這裡，拉著妹妹走了。妹妹不解地問我：「為什麼不停下來幫助她？」

我反問道：「妳覺得她需要幫助嗎？」

妹妹一愣，本來想說需要，停頓了一下卻說了不需要。

「妳想想看，如果她只要五十塊錢，那麼多人早就給夠了。而她卻依然在那裡跪著，顯然不止想要五十塊錢。其次，她如果真是從家裡跑出來，都輪到乞討的地步了，為什麼不回家？如果是被壞蛋傷害，那為什麼不敢找警察？顯然是在騙錢嘛，她好手好腳，總是可以自己工作賺錢的吧！」

妹妹立刻恍然大悟，不再為自己沒幫助她而苦惱了。

而今晚，我們正在美食街吃著飯，發現那個行乞的老人拄著木棍來到我們身後那桌坐了下來。我很吃驚，他正在吃別人剩下的米線！我的心中一陣酸楚。我示意妹妹回頭看看他，妹妹說：「他為什麼不去找份工作？」

當然，我沒有想到善良的妹妹竟然會有這樣的疑問，然後我就意識到上次的事情，原來是我把她的思維改成了這樣。我對她說：「他已經過了可以工作的年紀呀，現在誰還會用他？」

「也對，誰都不敢用他了。剛才我還以為他也是騙人的呢，結果他居然吃別人的剩飯。」妹妹遺憾地說道。

老人走後，收拾餐具的阿姨過來，便聊了一會兒。聊到了這位老人，原來，他年輕的時候，對兒女百般刁難，還揚言不用他們管自己。老伴去世早，就剩下他一個人了，兒女都各自有了家庭，對這個老父親又恨又怕，有時候過來看看他，他就以很久沒來看他為由，把兒女都趕跑。

第七章：
我猜著你的名字

　　也許，他覺得自己還有駕馭一切的能力，還有力量去約束別人，可是飛逝的不光是時間，還有身體的健康。他早就丟失了風華正茂，丟失了野蠻霸道的資格。如果時光可以倒流，年華依舊，他一定也是悔恨當初的刻薄吧。

　　我對妹妹說：「我覺得他這樣的生活，是在為年輕時犯下的錯誤贖罪。不過，不管他有沒有罪過，我們都應該幫助他對不對？因為我們還年輕，能讓自己做對的事情。當我們年華已逝，就一定可以過得幸福。」

　　妹妹點了點頭，並表示等一下要捐給他錢。不管錢多錢少，不管行乞之人是好是壞，從今往後，我願意伸出手去幫助別人，因為救贖的不光是他們，還有自己的人生。

　　我們有資格去行善心，又何必為了他們行乞的緣由錙銖必較？

我的愛不夠多

人們都擅長宣揚自己的愛，企圖告訴別人自己付出的愛是最多的，可是在這個世界上，沒有誰付出的最多，只是誰付出得更多。而那個付出更多的人一定不會到處宣揚自己的愛，只有真正愛他們的人，才會注意到這些默默無聞的人。

12 月 24 日，耶誕節前夕，某處教堂裡傳來朗誦讚美詩的聲音。在這裡，老牧師已經舉行了一個禮拜的婚禮。

滿頭白髮的老牧師在微微的燈光下顯得格外疲憊，這場婚禮在夜晚舉行，雙方親屬寥寥無幾，氣氛相當平靜。

老牧師把目光鎖定到兩位新人身上，這是自己要主持的最後一對新人，新娘、新郎的裝扮非常樸素，看得出，他們的生活並不好過。老牧師已經累了，他希望這場並不熱鬧的婚禮能夠早點結束。

簡潔而神聖的儀式在老牧師的指揮下匆匆地進行著，他例行公事地問出了每一對婚禮都不可或缺的話語：「新郎，你愛你的妻子嗎？願意守護她一生一世嗎？」

「我不能夠確定……我覺得自己不夠愛吧！」新郎結結巴巴地說出了這句話，全場的家屬們和老牧師都安靜了下來，本來老牧師接下來就會說：「好的，請向上帝發誓，您將愛您的妻子一生一世，不論生老病死……」可是現在他一時間竟不知道該接什麼話。他看到新娘的身體微微地一震，隨後又恢復了平

第七章：
我猜著你的名字

靜，顯然新娘也沒有料到自己即將結婚的丈夫竟然說不夠愛自己，但轉瞬間，她便理解了丈夫的意圖。

「我並不知道自己的愛是不是足夠愛她，我只知道，她每一天都全心全意地愛著我，而我對她則是一種依戀。從看到她的第一面起，我就知道自己的餘生要和她一起度過了。我們必然會攜手度過剩下的日子。我難以想像離開她的生活會變得怎樣，但我仍然記得她曾經在我們最困難的時候，毫無怨言地陪在我的身邊，我在外工作賺錢，總是一身疲憊和沮喪，她卻一臉笑容地迎接我。」他打破了沉默，深情地說著。

老牧師主持過無數場婚禮，卻沒有一位新郎說這些話。「當我們沒有錢吃飯，她就拿出僅剩的麵包讓我吃，還撒謊說自己已經吃過了。當我沒有錢給她買高跟鞋和高檔衣服的時候，她卻撒謊說自己就是喜歡穿樸素的衣服。我為她對我所賜的一切恩惠而感動，我知道，就算我用餘生來為她而努力，也無法對得起她為我付出的感情和生命。所以我覺得和她的愛相比，我的愛什麼都不是，我所投入的感情太渺小。所以我說和她的愛相比，我的愛真的不算什麼！」

他深情地牽過新娘的手，試圖安慰已經滿臉淚水的新娘了。老牧師把臉轉向新娘，問道：「尊貴的小姐，請問妳愛站在妳身邊的這位先生嗎？」其實，老牧師知道，自己的問話已經毫無意義了。

「我也不知道……」新娘的回答更讓在場的人一愣，因為新

郎已經告訴大家，她是那麼地愛他了。

「他其實很愛我，在每一個夜晚都為我暖手，在我們沒有錢買汽車、房子和高檔服裝的時候，他願意花許多休息的時間陪我散步，陪我從公園走回家，耐心地陪我挑著地攤上的服裝。他總是讚美我是最美的，他說我是天下最好的女人。當我們點起蠟燭，儘管桌子上只有白開水和麵包，可是他看我的眼神依然比所有的時刻都迷人。我們很窮，卻有一份純真的感情。我相信他會讓我過上好日子，在此之前，我一定會陪在他的身邊，這種感情也許不是愛那麼簡單吧！」

教堂裡響起了悅耳的歌聲，每一聲都是在向他們兩個人祝福。人們不知道，有時候愛並不是說說就算了，那些做過的事情，遠遠比所謂的愛更加珍貴。老牧師慶幸自己主持了這場婚禮，這麼長時間以來，這對新人是最讓人感動的。

我知道，我給予別人的愛也不夠多，倘若不是站在別人的角度看待這個問題，我還一直以為自己付出得足夠別人付出一輩子。

情人和知己

我們總是希望身邊有一個藍顏知己，有時候是閨蜜，有時候是愛人，可是事實上，沒有誰可以把兩者的關係分得清楚。

如果友誼加入了愛情的元素，那麼我們又會變成什麼樣呢？許多人都問過一個問題：「男生和女生之間有沒有真正的友情呢？」答案不可知，模糊難捉摸。

我們身邊總會有那麼一個異性知己，你可以和他說任何的話，他可以為你排解心中的煩惱，只是你們不能在一起。並不是你們不愛對方，而是若談了愛，情誼就消失了。

他們又相約在一起打羽毛球，幾個回合下來，他輸得很慘。這不是往常的那個他，她心中馬上就意識到問題。休息的時候，他坐在臺階上，手裡點著一根菸，卻不見他抽一口。她拿著一瓶水遞給他，問他：「你今天怎麼了？心情不好？發揮不正常，行為也不正常！」

「我失戀了！」他簡短地回答。

「嗨，我還以為是多大的事呢，不就失戀了嘛！你這麼好的男生到哪裡找不到一個好女生？她對你本來就不好，浪費了你的錢財和精力，還不真心對待你。我早就說讓你離開她，你就是不聽，現在知道了吧？」她假裝輕鬆地安慰著他，希望他可以不為情所困。

他們放下球拍，開始說起這段感情。他從回憶起許多過去

和前女友的事情，甚至連細節都記得非常清晰。她就在一邊勸他，愛情就是要拿得起，放得下！原本失落的男孩，在她的安慰開導下，心情變得好多了。男孩突然發現，自己的身邊不就有一位陪伴著自己的女孩嗎？

她身材苗條，活潑開朗，最主要的是她能夠在自己的身邊寬慰自己，善解人意，自己怎麼忽略了她呢？

兩個人並肩回家的時候，他突然就冒出了一句：「妳能做我的女朋友嗎？」她先是一愣，隨後臉就紅了。認識了這麼多年，兩個人這麼合拍，她又想起了那句「男生和女生沒有純粹的友情」，可能自己真的是愛著他的吧！於是，她抬頭迎上他的目光，笑著說：「為什麼不可以？」

就這樣，他們正式開始了戀愛，朋友們紛紛祝賀，人人都說：「你們早就應該在一起！」他們也這麼想，忽然覺得身邊這個人明明就是一直忽略的命中注定嘛！

可是，當他把她看作女朋友，她把他看作男朋友的時候，他們的情感逐漸發生了變化。她開始為他牽腸掛肚，擔心他吃得好不好，睡得好不好，甚至越來越黏著他。最後連讓他約見死黨的機會都剝奪了。她開始因為他的一句話語氣不好就生氣。

他也變得不一樣了，責怪她不分地點場合地和別的男生說說笑笑，她的鬱悶被他看成無理取鬧。他開始變得不那麼嬌慣她。而這就像惡性循環，越不嬌慣她，她就越生氣。

直到有一次，他們因為一件小事爭吵不休，他宣洩了所有

的抱怨，說她不夠溫柔，不善解人意。可是他當初正是因為她的溫柔、善解人意才愛上她的。她哭泣地指責他不懂自己。愛情從此破碎，兩人分手了。

數年之後，他們都有了新的戀愛對象，彼此早已忘記那段不好的回憶，試著慢慢接觸。他對她說起了買房子結婚的事情，她向他詢問該給未來的孩子取什麼名字好聽。他們彷彿從來都只是知己，沒有愛過一樣。

我想，他們並非忘記了那段感情舊事，而是默契地覺得做知己才能更好地走下去。有時候，知己和情人並非一種概念，它們相差得其實很遠很遠。

我一直都在

不知道是不是物以類聚的緣故，朋友之間總會遇到兩個人同時喜歡上一個人的事情。這種事情先是會破壞兩個人的感情，也會讓被喜歡的人感到尷尬，即便是喜歡上其中一位，也不好意思再接受了。我們大學宿舍的時候，就發生過這樣一件事情，讓我們這群室友都感覺尷尬。

大二開學的第一堂計算機概論是大課，好幾個班級在一間教室裡上課。上完課，我們帶著慣有的表情回到宿舍，我像平常一樣拿出手機開始看電影。老大去洗衣服了，老二在背英語單字，老三突然推門，一聲嚎叫，把我看電影的閒情雅致都給驅散了。

我鄙視地問道：「又怎麼了？」平時宿舍裡就她最吵，這恐怕又是什麼怪事吧！

「哎，妳們知道嗎？我今天在電腦課上遇見了我的男神！他真的太帥了！妳們一定要幫我！」她的話給一向低調的宿舍帶來了轉機，如果這次幫她接觸男神成功，那麼以後我們宿舍就可以少了一個吵鬧的人了。這個忙我幫定了！其他室友聽說了這件事情，本著好奇的心理，也表示支持。

我們多次向她詢問那個男神叫什麼名字，長什麼樣子，她都不肯告訴我們。只是說，如果成功了，再告訴我們！

她讓我們幫她寫一份感人至深的情書，用最娟秀的字體，

把最動人的語句寫出來。她說這樣做的原因是為了讓男神覺得她並非膚淺的小女生，而是懂得情趣和文藝的博學才女。

然後宿舍就開始安排任務，因為我平時讀的書稍微多一些，所以信的內容歸我。老大的字也得好，寫信交給老大，其餘的姐妹們就負責打扮老三。

經過一個禮拜的努力，情書完成了！她們讀過之後，都紛紛表示被深深地打動了，老四還不懷好意地問我：「妳是不是有心上人了呀！」

「別亂說！」我慌忙之中，否認了。可是她們一個勁地笑話我。也許，是我太不坦白了吧！喜歡上那個男生，卻從來不敢去說。或許人家有女朋友了呢，我總是這樣對自己說。當我構想這篇情書的時候，就把自己當成了女主角，把他當成了男主角。但我知道，他是他，我是我，沒有交集。

好消息終於傳來了！老三成功地獲得了男神的青睞，男神說自己被那封情書打動，說自己這麼多年來，被女生追求無數次，從未覺得這樣真實過。他們就這樣在一起了。男神提出請我們吃飯，於是全宿舍的人都興致滿懷。我也高興得合不攏嘴，因為我從來不知道自己的情書可以感動到別人。

當我們在餐廳相見時，我愣住了，他就是我喜歡了三年的人，是我的高中同學。他不認識我，從來都是我苦苦地暗戀著。這是緣分嗎？竟然用我對他的思念成就了室友的情緣？

他看到我們走過來，非常禮貌地招呼著我們，我也假裝是

第一次遇見他，笑著打招呼。那頓飯他們幾個說說笑笑，只有我沉默不語。他們笑我是羨慕有情人終成眷屬，笑我不敢說出自己的愛。

　　我是羨慕，我一直都在他的身邊，他卻從來都不知道我。但是當我看到他笑得那樣開心，我又覺得這件事情也許做對了。他們相互愛戀，我只是單相思，為什麼不成全他們呢？他開玩笑般地對我說：「別不開心了，等以後我介紹個好男生給妳。我看著妳有點眼熟哦，我們是不是見過？」

　　我搖了搖頭，心裡卻在告訴他：我們沒有正式見過，不過我一直都在。也許，我們每個人心底都藏著一個不可能的人，他開心也好，煩惱也好，都與自己無關。也不知道為什麼就願意為他牽腸掛肚，只是希望他能夠過得好。

　　就算自己一直都在，卻不讓他知道，就是想讓他開心得像個孩子。就像他摟著室友，笑得毫無雜質。

第七章：
我猜著你的名字

一場驚嚇

我家門口有一個小攤販，這麼多年經常換主人。記得小時候，我們總是在這裡吃早餐，還以為這裡永遠都是吃早餐的地方。後來，這裡變成了雜貨店，我們總是在這裡買零食吃，就好像這裡從來沒有過早餐店，一直都是雜貨店一樣。如今，這裡變成了理髮店，我們又把雜貨店的模樣忘乾淨了。

理髮店的主人是一個近四十歲的女人，短髮，偏瘦。每次來這裡理髮，她都開心地迎接我，我也不明白她為什麼總是很開心，總之我每次來的時候她都在和別人笑嘻嘻地聊天。

由於這家店價格公道，服務態度又好，生意一直很好。上這裡來剪頭髮的人往往要排上好一會兒的隊伍，才能輪到自己。她有兩個徒弟，也跟著忙前忙後，從來不偷懶。如果顧客多的話，兩個徒弟就會請顧客去一邊的長椅上休息，遞上報紙，端上開水。

她總是一邊工作，一邊和屋子裡的客人們聊天說話，顧客根本就不會覺得自己是在排隊，而是在和幾個朋友們聊家常。

「等等該您了，姐姐。」小徒弟比我小兩歲，一直叫我姐姐。他示意我過去洗頭，並且態度十分謙恭。

我洗過頭髮，坐在椅子上，讓她給我剪個稍短一點的頭髮。她朝我點了點頭，開始修理我的頭髮。她不時地問我工作上的事，還向我諮詢了一些我可以回答的問題。旁邊的顧客偶

爾也插句嘴，這裡的氣氛根本不像才剛認識的陌生人之間的聊天。

我驚訝於陌生人之間的這種熟絡，有時候連和認識的人都不敢說的話，竟然現在毫無防備地就說出來了。沒過多久，我的頭髮就剪好了。可是我並不想馬上離開，畢竟家裡面冷冷清清，倒不如這裡顯得熱鬧呢！

索性就又坐回了剛才等候區的位置上，和一屋子的人聊起天來。也不知道為什麼，我開始不停地打嗝，一個接一個，弄得一直和我聊天的朋友都有點不好意思和我說話了。我自己也很難為情，但又不好意思出去買瓶水再回來聊天。

「妳是不是沒給錢？上次妳就是這麼跑走了。這次難道還想賴帳不成？」老闆娘衝著我這邊喊了一句。我身邊都是沒剪過頭髮的顧客，只有我剛剛剪完，這話分明就是對我說的。我條件反射似的摸口袋，發現自己身上帶來剪頭髮的錢沒有了。

我努力地回想剛才，我確實給那個小徒弟了，就算我光顧著聊天，也不可能賴帳呀！我要是那樣的人，又怎麼可能再來這裡剪頭髮呢！這種莫須有的栽贓讓我氣憤不已，我的腦袋一下子嗡嗡作響，一股無名的怒火在胸中燃燒起來。

周圍的人都在看著我，我著急地跟老闆娘解釋道：「怎麼可能？我還不至於付不起這點剪頭髮的錢吧？我剛剛給妳家小徒弟了，不信妳問他！」我試圖找那位小徒弟給我作證，卻根本找不到他的身影。這下我更著急了：「大家都是街坊四鄰的，妳

不能這樣冤枉我吧？再說了，我上次和這次都付錢給妳了。」

　　「妳再好好想想，我怎麼會記錯呢？」老闆娘倒是冷靜得讓我快抓狂了。這時，小徒弟從外面拿了一瓶水回來了。

　　小徒弟徑直向我走來，對我說：「現在不打嗝了吧？我們老闆娘用這招治過好多打嗝的顧客，哈哈。」其餘顧客好像也明白了這是怎麼一回事，跟著哈哈大笑起來。

　　「好了，看來真是我記錯了，這瓶水就當是我向妳賠禮道歉吧！」老闆娘好像根本沒把剛才我抓狂的那一幕放在心上，笑嘻嘻地對我說。

　　我這才明白，老闆娘為了讓我不尷尬，自毀形象，還向我賠了不是。我想，這就是她的理髮店能有這麼多顧客的緣故吧！

徘徊的刺客

他愛之情，花兒無罪。

被丟棄在垃圾筒中的藍色妖姬，此時正閃爍著無處訴說的憂鬱，它剛剛犧牲於一場愛情。

它也曾為了那個男生滿懷心意，惴惴不安，也許，男生的心情也是這樣的吧！

他傾心於笑綴梨花、嫣然不語的女子。總是站在孤獨處欣賞美麗的風景，只有這時，他才能感受到這股瑰豔脫俗的魅力。總是在心中不斷地貼近，祈求她能夠接受自己的這份真情，就算是血液都化成了灰燼，也不會反悔。

她得意於鉛華不洗，雅如白蓮。就好像是沉睡在千年湖水中的白蓮花，經不起絲毫的打擾。只需要一次觸碰，就足夠蕩漾一世。所以，她不允許別人侵犯自己的領地，儘管這個人已經決定血液沸騰，甚至成灰。

有一種花兒染紅了唇，笑美了嘴角，卻株株帶刺。他送她只是為了博得美人心悸動，她丟掉只是為了保護自己的完整。因為花的名字叫「刺客」。怎麼能教人為了它世俗的美麗而渾身扎滿了刺？怎麼能教人生生地用它刺向心愛的人？或者被心愛的人深深地刺痛？愛與不愛全都是刺客，假如你成為了愛情的傀儡，你就是那株刺客。

他幾番爭取無果，催眠了心。她幾度拒絕無效，蘇醒了心。錯過總是這樣自然，就算誰也離不開誰，就算不在乎愛與不愛。

第七章：
我猜著你的名字

　　被愛情操縱的人們就像那株徘徊的刺客，深深扎痛心靈。它使有情的心血流不止，隨時間消耗殆盡；使無情的心迸出熱情，跟著血液永世輪迴。

　　每次默默地注視著那個人的背影，是否想過走上前去聊上兩句？是否徘徊在那個人的身邊？在每日的清晨和午後，夜晚與夢中，成了愛情的徘徊者。

　　妖豔不是它的錯，它想用盡一生為愛情綻放，卻被人狠狠地丟在地上。這樣做太不公平，愛與恨全都不由它所控制，結果卻是它的傷痕累累。不懂愛情是一場怎樣的波瀾，只是不管愛不愛都負責代表愛情。

　　在無關緊要的夜晚，他向她表白，捧出一束玫瑰，對她說：「我已離不開妳，不管妳愛不愛我。」她輕蔑地看著他，隨手扔掉精心包裝的鮮花，說道：「像你這樣的人太多了，而你又太過普通，還是別白費心思了。」

　　她收到的愛實在太多了，但是他的愛只有一份。錯過了就不在了，於是替他心疼的不是別人，而是她。他們沒有錯，只是怕開始。所以一直徘徊著，要不要去當那個刺客。可時下，那束玫瑰還是枯萎了。

　　後來，很多人說那樣美麗的花朵叫「玫瑰」，但是懂愛的人叫它刺客，想愛的人叫它徘徊花。無論結果怎麼樣，它所代表的愛情都是唯一的，都是真摯的。收到它的人，不要輕易地丟掉，因為送你花的人一定是在徘徊了良久之後，才決定敲醒你如白蓮般的內心，並且允許你刺進他的心窩，最好不再滴血。

第八章：
不必問合不合邏輯

　　如何才能不枉此生？這一直是我琢磨不透的問題。人生已經對我如此抬愛，難道我要還給他一個面容憔悴的自己嗎？每次想到這個問題，我就感到一絲絲不安。

　　也許，我不該深究所做的事情合不合邏輯，有時候，我願意付出代價去完成一件看起來無用的事情，卻不願意花很多時間去做一件貌似有價值的事情。請別問我為什麼，我只知道我快樂。

　　假如我的靈魂健在，它也一定會支持我，在茫茫人海中，去做幾件毫無用處的事情，來襯托自己的存在感。

不必問合不合邏輯

當我們單純的為了利益而放棄自己的意願，是一件多麼不值得的事情。

當我們在苦苦地為學業、事業憂愁的時候，時光正不留痕跡地溜走。我們回過頭時，才發現，我們在最寶貴的時光裡，為了所謂的明天過得更好，沒有做一件令自己開心的事情。每當我們想去做一件事情時，就會發現工作不允許、資金不允許、家庭不允許。卻不曾想過，我們都在為明天，明天是哪一天呢？

網路上有這樣一則笑話：我們小時候，想出去玩，父母不讓去，因為要完成堆積成山的作業，長大了，在家裡待著，父母總問為什麼不出去玩。我們這個年紀，哪還有出去玩的興趣？

是啊，當我們把希望寄託於未來時，有三個問題沒有想過：一是等到我們可以實現願望的時候，還會不會真的有心情去享受；一是等到我們有資格實現這個願望的時候，會不會有更大的願望迫使你要繼續放棄；再一個就是風雨無常，世事變化，我們是否可以活到明天。

Beyond 樂隊是香港樂壇的靈魂樂隊，主唱黃家駒被世人稱讚為音樂天才。1993 年日本之行，意外結束了黃家駒年輕的生命。這件事不僅給廣大歌迷帶來了沉重的打擊，同時也讓這個

樂隊成員承受了巨大的痛苦。

很多年後，樂隊成員黃貫中在一次訪談中這樣說道：「他（黃家駒）以前經常跟我講，希望去刺青，不只我，整個團我們都勸他不要，他每次想去，我就跟他說『身體髮膚，受之父母』這樣一堆垃圾道理，後來沒辦法了我就跟他說：『你不要在身上刺，我幫你畫，畫了後來又可以擦掉，多好。』（黃貫中是香港理工大學設計專業肄業，擅長繪畫）所以他就要求我用原子筆在後臺幫他畫，『幫我在這裡畫一個骷髏啊一個玫瑰啊什麼，在這裡，我希望有閃電啊什麼』好，我幫你畫，這樣你就不用刺了，每次登臺前我都按他的意思幫他畫好多那種刺青的圖案，看上去好像他身上有好多刺青，其實沒有一個是真的刺的。」

家駒不幸與世長辭，黃貫中變化很大，他說：「我最大的改變就是覺得只要自己喜歡，我就做，我管你。他當年那麼想刺青，沒有刺，結果他走了之後，我就馬上去刺一個，而且越刺越大，但第一次跟第二次相隔十年。」

人生在世，誰也不是先知，我們無法得知未來的命運，為什麼不痛痛快快地勇敢一次呢？假如，黃家駒有生之年真的刺了自己喜歡的刺青，那他該多麼開心呀！可是理智又在提醒他，「身體髮膚，受之父母」，於是，他妥協了。這樣的遺憾每天都在發生，我們究竟是被什麼束縛住了？輿論？道德？理智？為什麼人越是長大就越變得不像自己？因為我們太過於在意真理，在意名譽，在意利益。但明明就不是什麼都可以說得

通，明明很多事情就沒有理由，明明正是這些說不清楚的事情總是帶給我們快樂和自我。

「沒有誰能把未來猜的透！不然怎麼會自釀一杯苦酒！」詩人汪國真也這樣說過。我們為何不好好把握當下呢？或許不能成為你改變生活的一筆，但最起碼會是你重回自己的見證。

請聆聽內心深處的呼喊，不必問所做的事情合不合邏輯，不必問這樣做有什麼好處，不必問這件事會不會損失什麼。因為現在你不做，以後就再也沒機會了。很多事情，都是這樣，在有機會完成的時候不去做，就一輩子也不會做了。

不必問合不合邏輯，趁我們還有機會，就算是蠢事，也要給自己一個交代，才不枉此生！

愛是太艱深的字

有時候，我們都太低估「愛」這個字。它的艱深讓我們根本看不透，也不知道自己會為了愛做出什麼不可思議的事情。

某地有個村子，那裡都是飢寒交迫的村民，因為貧窮，加上戰亂，村民們已經陷入了最後的掙扎之中。牛大伯一家還算幸運，除了老婆已經被疾病纏身，去世之外，另外三個孩子還活著。

牛大伯每天都盤算著給孩子們吃點什麼，可是這片土地已經再也種不起莊稼，家裡連一粒米都沒有了。偶爾牛大伯撿回來一些鮮草，簡單的還能填填肚子。兩個兒子還有最小的妹妹都非常聽話，每天都主動把所剩無幾的生活用品收拾整齊，希望牛大伯能夠高興一些。

可是，日子一天一天地過去了，春節就快來到了。家裡卻什麼都沒有了。飢餓的痛苦時時困擾著他們，大兒子和二兒子有些失去了理智，正在長身體的年紀，缺了食物更如狼似虎。

這些日子，他們村子傳來了吃人的說法，好像某些餓得發狂的人已經顧不得親情和道德了。好幾天來每天都有丟人的消息傳出。本來就飢寒交迫，這下還面臨著被別人吃掉的危險，兩兄弟的心忐忑不安。

有時候，他們在夜裡被凍醒，或者被餓醒，就起來在院子裡跑跑步，再以溫暖的感覺入睡。大兒子牛大寶這天夜裡被冷

醒了，他強忍著飢餓和寒冷，走到院子裡，剛想跑幾步，卻聽到了異樣的聲音，他側耳傾聽，不禁嚇了一跳！

那是鋸子鋸東西的聲音！而聲音正是從父親的屋子裡傳出來的！他悄悄地來到父親窗戶外，看見父親正背著自己鋸著什麼，儘管看不清是什麼，但是從地上流著的紅色液體，他馬上就明白了！父親也要吃人肉！他不敢大聲說話，假裝什麼也不知道地回到了自己的屋子。

第二天，他們的餐桌上出現了肉，他們大口大口地吃著，卻沒有人問這肉是從哪裡來的。因為妹妹今天沒有出來吃飯，看來大家都心知肚明，但這又有什麼辦法呢？這年頭，實在不好過！

吃過飯，回到屋子的兩兄弟各懷鬼胎，老大牛大寶心想：爹竟然如此心狠，莫非是吃了小妹，以後還要來吃了我們嗎？如果他真的來吃我，那麼我豈不是比餓死更痛苦？老二牛小寶心想：既然爹把小妹給吃了，那就說明如今早已沒有情分存在，還是填飽肚子更好？

他們相互對視了一下，領會了對方的意思。經過周密的計畫，兩兄弟忍著肚子的飢餓，先是把父親騙到屋子裡，由牛大寶用棍子把父親打暈，再由牛小寶把父親殺死。計畫在順利進行著，但是當他們脫下父親的褲子，才發現父親一直在鋸自己的肉給兩兄弟吃！只是他們兩個最近光顧著吃，而忽略了日漸消瘦的兩腿。

後來，他們在後院的柴火堆裡找到了妹妹的屍體，原來妹妹早就餓死了。父親怕兩個兄弟也餓死，就忍痛鋸了自己的肉給兩兄弟吃。

我們總說愛，卻無法衡量自己的愛有多深，也許我們會因為別人對自己的舉手之勞感恩戴德，也許我們會因為別人送自己貴重的禮物就感動得痛哭流涕，可是我們都忘記了「患難見真情」。不要總愛著那個陪你享樂的人，因為他也許就是那個遇到災難時，第一個把你推入火坑的人。

愛，在行動，不在口頭！

有一種愛使人勇敢

　　我很難想像，朋友對我說的事情是真的，但它真實地發生了。我只好說，這種事情聽著就讓人心疼，上帝怎麼不給善良的人們一些特權呢？比如讓人們活得長一點？

　　朋友笑著說，他的父親不是已經堅持到兒子出生了嗎？如果上帝真的無情，又怎麼會等到他完成自己的心願才把他帶走？

　　這件真實的事情發生在朋友工作的醫院裡，那是一個大雪紛飛的日子，窗外寒風呼嘯，醫院裡的護士卻忙得冒汗。婦產科的醫生和護士正在進行一場特殊的接生手術。躺在手術臺上的孕婦實際上距離分娩時間還有兩個禮拜，醫生們並不建議她現在就把孩子生下來。

　　早上的時候，醫生還在顧慮孩子的健康，如果孩子是早產兒，那麼就意味著可能會因為不足月而羸弱多病，如果提前兩週催生，對大人也有非常大的危險。可是孕婦卻著急地自己寫下了保證書，並且找來證人，說明如果出事了與醫院的醫生沒有任何關係。醫生見她苦苦哀求，便想跟她科普知識。

　　「醫生，求求您了，我是真的希望現在就把孩子生下來的！孩子他爸現在正躺在 ICU，他患了癌症，危在旦夕，如果我現在不能讓他親手抱一下自己的孩子，那對於我們三個人來說都是一種遺憾！」孕婦的情緒有些激動，她抓著產房的醫生說道。

第八章：
不必問合不合邏輯

「可是，您這樣的情況，危險係數非常大，而且如果孩子不足月就出生，會導致他以後體弱多病的。您還是考慮考慮吧！」醫生為難地向她解釋著。

「我現在非常堅定地想要把孩子生下來，不管有什麼困難我都可以克服！」孕婦變得異常堅定，醫生最終答應了她的請求，並要求她保證如果出事不能找醫院的麻煩。

醫院產科的樓道裡，有些擁擠，但卻非常安靜。得知這次特殊分娩的人們都在心中默默地祈禱，為這對母子，和那位命在旦夕的她的丈夫祈禱。時間一分一秒地過去了，房門外的人們，熟悉或者不熟悉的面孔上只有一種表情，那就是緊張而嚴肅。

當嬰兒響亮的哭聲穿過門板傳到外面時，外面的人都感動得流下了眼淚。這時，院長趕了過來，吩咐護理師趕緊將孩子和大人包裹得嚴嚴實實，送到二樓某間病房，小傢伙的父親正在那裡等著呢！

父親那蒼白而憔悴的臉上終於有了一絲笑容，他用自己虛弱的手臂接過自己的兒子，淚水一下子就流了下來。他親吻著兒子的額頭，傷感而幸福地對兒子說：「孩子，我堅持了這麼久，就是為了看你一眼。可是，醫生說我再也活不過這個星期，所以原諒爸爸和媽媽擅自做主把你提前迎接到這個世界上來。看到你，實在是太好了，儘管爸爸就要離開了，但請你以後不要忘記我，好不好？」他說完這句話，他朝著妻子微微一

笑，閉上了眼睛。

在場的人們都哭了，人世間總會有遺憾，但哪一種遺憾都比不上這種。孩子的媽媽在一邊早就泣不成聲，可是當她抱過自己的孩子，又變得堅強，她對孩子說：「你已經被爸爸抱過了，你是幸福的孩子。你非常地勇敢，為了能和爸爸相見，竟然熬過了生死之門，往後的日子，媽媽一定會陪你堅強地走下去的！你也要像爸爸一樣堅強！」

小的時候，我們總會問父母，我們是從哪裡來的。那個時候，父母總是對我們笑著說是撿來的。可是，誰也不知道，我們的出生意味著母親極度的痛苦，父親極度的煎熬。

這個世界上有一種愛，使人勇敢，不畏生死。

不是不想放棄

　　一位知名企業家曾經在講座中談到：人生就像馬拉松，只要堅持下去，就能到達終點。他說，他每年都會帶領員工去徒步 50 公里，有些員工剛開始的時候，興致很高，大家說說笑笑，可是越走越吃力，由於體能和精神被過度消耗，許多員工有了放棄的打算，甚至有些員工都哭了。

　　人生也是一樣，當你開始上路的時候，總覺得滿懷信心，成功就在不遠的地方，但過程是非常折磨人的，當你走過一半的路時，總會想放棄，可是你回頭看一眼，卻發現自己已經走過了很長的道路。50 公里的徒步讓許多員工都痛苦不已，但這位企業家說，當你站在 25 公里的地方時，你往前走也是 25 公里，放棄往後走的話也是 25 公里，為什麼不向著勝利的方向走呢？

　　有時候，不是我們不想放棄，而是站在一個特定的位置，讓我們根本停不下。如果我們肯堅持住，就會贏得最終的勝利。如果往回走，那就意味著還要從頭開始，如果停在原地不動，就會被許多人超越，並且沒有任何利益存在。

　　我們在人生路上，也已經邁出很遠的路程了，假如要我們回去，不可能，那為什麼不能勇敢地向前呢？

　　如果我們知道，前方就是勝利，就在不遠的地方，那我們一定奮力去追。只是人生沒有如果，勝利即便是在不遠的地

方，也不會讓你看到。所以，你在距離它很近的地方放棄，那麼之前所做的努力就白費了。倒不如堅持住，不管最後是勝利，還是失敗，都可以更好地去努力，也讓自己無悔無怨。

有人說，要是走到了一半的時候，突然發現這不是自己想要走的路，究竟該不該回頭？其實，不管是走哪條路，總會有持懷疑態度的一天，有時候連自己都不了解自己，又怎麼可能馬上就能找到自己該走的路呢？

不管是做什麼，都會有遇到瓶頸的時候，要是每一次遇到瓶頸就說自己不適合這條路，那麼沒有一條路是屬於你的。只有堅持住了，達到一個巔峰的時候，才有資格說什麼適合自己，什麼不適合自己。否則憑空想像，什麼意義都沒有。

我們並非不想放棄這條路，只是和人生相比，這條路就沒那麼可怕了。就算這是個遊戲，你不闖過，也無法進行下面的關卡。放棄這條路，就意味著放棄了為此而犧牲的人生，而人生又是那麼不可多得。

所以，走在 25 公里的路上，我們應該思考退後和疼痛，而是思考為此犧牲的身體和精力，該不該以失敗作為結束。

傷害我最深的人

「對不起」、「沒關係」，我們被別人無意間傷害的時候，或者無意間傷害了別人，我們總會道歉。可是那些傷害我們最深的人，又要拿什麼情懷去原諒呢？

人們總會受傷，有時候是傷到身體上，有時候會傷害到心裡。身體上的傷口會隨著時間痊癒，甚至再也記不起它曾經受過傷，曾讓自己咬牙切齒地疼痛，而心裡的傷口卻不會痊癒，無論多少年過去了，每每想起那段傷痛，依然會隱約地疼痛。

記得小時候，我隨父母來到美國，在那個年代，我的童年並不好過。記得我上小學的時候，班上的學生看我都用異樣的眼光，因為我的口音不是道地美國人，因為我長著東方人的臉。

我曾經被好幾個人排斥，在班上連個朋友都沒有。這樣的情況我可以不在乎，可是有一天，我不小心打碎了門上的玻璃，班長朝我大喊：「你簡直連大便裡的蛆都不如！你笨得要死，還這麼髒！又土又笨，簡直讓人噁心！」

雖然我英文還說不流利，但這幾句罵人的話我還是明白的。我強制壓抑住自己的怒火，卻壓抑不住心中的悲傷，我哭著跑了出去，一直在廁所待到上課。

那個時候，我就在想，我不笨也不髒，只是還沒有調適好自己，我知道，如果我能在考試的時候超越他們，他們就不會再嘲笑我和辱罵我了！

　　從那天開始，我就埋頭苦讀，就像一隻準備接受挑戰的獅子，打算打敗所有人。父親是在我上課的時候來幫學校裝玻璃的，後來我聽母親說，那塊玻璃花了不少錢。我既恨自己沒輕沒重地把玻璃打碎，又羞愧自己的父親來學校，竟然是為了裝一塊玻璃而不是來接受表揚。

　　我的心就像被刀割一般疼痛，抬頭看看班長，他正輕蔑地看著我，好像在說：你們全家都土，又土又笨，看著讓人噁心。那些話在我的腦海中一直迴旋，慶幸的是年幼的我思想太過單純，沒有太多的仇恨，沒有太多的雜念，只是一心想要好好讀書。

　　往後的日子，我的成績突飛猛進，成了班上的第一名，老師和同學們開始友好地接觸我。就連當初辱罵我的班長也變得友好。

　　我想，最值得慶幸的事情就是當時的我還單純，不懂得仇恨和敵對，只知道努力才能改變一切。儘管我每次想起班長辱罵我的情景，父親按玻璃的情景，心中還是會隱隱作痛，但我知道自己做對了。

　　我相信班長那個時候也還不懂得什麼叫謙卑，不懂得什麼叫人情世故，才會有什麼說什麼，現在的他一定也是個品格良好、道德高尚的人。有時候，簡單並沒有什麼錯，最起碼可以讓我們恨不起來，而是毫無雜念地迎接勝利。

　　傷害我們的人一定有很多很多，但我們的心只有那麼大，容得下仇恨，就缺少了盛放愛的地方。既然那麼珍貴，又幹嘛要讓傷害裝滿內心？

大愛無疆

屠格涅夫寫過一篇小短文，他說有一天走在大街上，一位衰弱的老人擋住了他的去路。那位老人面色蒼白，眼睛紅腫，嘴唇發青，衣著襤褸，老人向他伸出了一隻骯髒、紅腫的手，希望得到施捨。

他伸手摸進自己的口袋，卻發現自己什麼都沒有帶，沒有錢包，沒有手錶，就連一塊手帕都沒有。但是那位老人一隻在等待著他，老人的手在空中無力地搖擺著，發著抖。

屠格涅夫驚慌失措，尷尬地看著那隻骯髒、顫抖的雙手。他很抱歉地對老人說：「請見諒，我什麼也沒帶，兄弟。」

老人聽了他的話，紅腫的眼睛裡掠過一絲欣喜，對屠格涅夫凝視了好久，握住他的手說：「哪兒的話，您肯叫我兄弟已經是對我的恩惠了。」

也許，老人行乞了數年，得到過很多施捨，卻從沒得到過這樣的尊重。我們都知道，幫助一個人，要盡自己所能。屠格涅夫沒有錢和財物給老人的時候，就給了老人尊重，老人也因此得到了安慰。

其實，幫助別人，沒有特定的準則和要求，大愛無疆，也是說博大的愛是沒有邊際，沒有規定束縛的。

或許，一百塊錢對於許多人來說，並沒有多麼重要，也就是吃一頓飯、解解饞的價格。可是，對於一個快要被餓死的人

來說，一百塊錢就和一條命等價。幾萬塊錢對於許多人來說，僅僅是幾件衣服的價格，可是對於一個創業青年來說，這可能就是改變命運的價格，與成功等價。幾十萬塊錢對於大部分企業家來說，也許只是九牛一毛，可是對於急需讀書的學生來說，這就是未來的希望。

我們也許做不了什麼驚世之舉，也許我們在自己的事業上總是失敗，可是如果我們幫助了別人，讓別人獲得了成功，不也是自己善心成功的表現嗎？

記得有個交換遊戲，就是把我不要的東西和別人交換，換得自己想要的東西，一舉兩得。人生也是如此，你需要成長，他需要幫助，把自己能夠賦予他人的東西奉獻出去，幫助需要它們的人，那我們是雙贏的。

如果我們擁有一屋子的財寶，卻沒有任何用處，倒不如把它交給需要的人。千萬不要以為這是損失，也許正是這樣的奉獻，會帶給我們不一樣的轉機。

好運和大愛是同種屬性的事物，運氣不由我們定，但是愛由我們掌握。只要我們跟隨著愛的腳步，好運也會如約而至！

那奮不顧身的自己

我們在很小的時候，就已經被別人教育「要成功」！好像只要是成功了，就什麼事情都可以解決了。在還不明白所以然的時候，我也曾一度希望不擇手段地獲取成功。但是那奮不顧身的自己，真的可以憑藉自己的力量成功嗎？

許多個在外漂泊的季節，讓原本對生活信心滿滿的人變成了獨自在外，一包花生米、兩瓶啤酒，喝得爛醉都不敢回家的社畜？他們渴望喝醉，那樣就可以夢見自己已經衣錦還鄉了，夢見自己的老爸老媽正因為自己的成功高興得合不攏嘴，夢見自己正坐在自己家的屋子裡和朋友們高談闊論。

可是當夢醒來，他還是在工地上忙碌的人。他是失敗的嗎？他憑藉自己的能力賺取自己應該獲得的錢，為什麼別人會把他當作失敗者？為什麼他那麼渴望當一個成功者？究竟成功者的標準是什麼？

主管跟我們開會時，談到了這個問題，他表示自己過去是個不可一世的傢伙。在所有親朋好友面前，就數他最厲害，年薪最高，成就最大。所以他的內心也是飄渺的，經常聽不進別人的意見，身邊最親近的人給自己忠告，給自己的提醒會被他當作惡意的嫉妒。

偶爾，他還會粗暴地打斷別人的談話，好像別人都不如他成功，都不如他懂得多。他認為別人是自己的絆腳石，正是

自己風生水起的時候，為什麼他們要在自己的身邊說喪氣的話呢？

可是，後來他失敗了！因為一樁買賣，他賠掉了自己的大部分家產。身邊親近的人不但沒有怪他，還都紛紛表示支持他東山再起。

就是在這個時候，他決定回自己的母校看看，順便接自己的孩子放學。教室裡傳出朗朗的讀書聲，這讓他的思緒一下子回到了小時候。那個時候，父親就是站在這棵大樹底下，告訴他要做國家的棟梁，要在社會上做個成功人士。

他看到孩子們稚嫩的臉龐，突然意識到，如果不是父母辛辛苦苦地把自己送到學校念書，那自己別說成功了，就連吃飯都是問題。而過去有多少家庭因為交不起學費而放棄了讓孩子讀書的念頭。他才意識到自己最應該感謝的人是父母！

後來，腦海中又像電影一樣，回顧了他的第一份工作，老闆非常看重他，半年以後就讓他升遷了。他才意識到，如果當初老闆並不賞識自己，而是賞識別人，那麼自己現在也就是個普通職員。這樣的機會不是誰都可以得到，他是多麼的幸運！

第一個大客戶，因為信任他，把好幾十萬的生意交給他完成；第一次賺錢，第一次出國，第一次吃西餐……他的好多好多成就原來都是別人給自己的。自己只是順著竿子往上爬，自己的成功並不只是自己的功勞，還有千千萬萬的人們在幫助自己。

第八章：
不必問合不合邏輯

在這個世界當中，沒有誰是個體，沒有誰可以指責別人，因為如果不是別人，誰也別想成功！所謂的成功，並非賺得錢比別人多，而是做出的價值比自己的能力掌握中的大！自己的父母、愛人、孩子，都是不可缺少的一部分，否則就不叫真正的成功。

無止境的欲望

我們習慣了索取，從出生的那天開始，我們就向父母索取，長大之後向凡是可以索取的人，無限制的索取，這樣還不夠，還整天抱怨自己得到的太少。可是，欲望本來就是無止境的，拿什麼可以滿足它？

上帝曾經安排兩個靈魂去投胎，他說：「現在，有兩個選擇擺在你們面前，第一個選擇就是一生都在付出，幫助別人且給予別人最大限度的錢財。另外一個是不斷地索取，接受別人的錢財。」

其中一個比較聰明的靈魂想：如果我選擇了一生都付出的人，那麼他不就成了一輩子都管我要錢財的人了嗎？於是他爭著選擇了索取的人，另外一個欣然接受了給予的人的選擇。

於是，上帝揮了揮手，安排了他們的人生：選擇索取的人做了乞丐，整天靠著別人的救濟過日子，一生都沒過上好日子。另外一個選擇給予的人，成了當地的富翁，不僅有錢，還獲得了當地許多村民的愛戴。

有時候，索取和貪得無厭並不一定是好事。有些家長非常溺愛孩子，在孩子很小的時候，就滿足他許多許多無禮的要求，孩子從小只知道索取，不懂得分享和給予。長大之後，這樣的孩子往往會被孤立，沒有誰喜歡和一個自私自利，只知道索取不知道給予的人在一起玩或者工作。

第八章：
不必問合不合邏輯

即便我們沒有更多的錢去幫助別人，但是可以給予自己擁有的東西。當一個陌生人向你問路的時候，你的微笑就可能讓他愛上整座城市。當一個同事向你請教問題的時候，你友善地鼓勵了他，他就可能奮發圖強，努力向上。當父母或者愛人盼望你回家的時候，你的親切會讓他們覺得你從未離去。

這些並不需要損失什麼的給予，我們不該吝嗇。因為就算我們不願意給予，總有人願意做這樣的天使，到時候我們就成了冷酷無情的人，沒人再願意接近了。父母不再願意和我們聊天，甚至沉默了；朋友不再親密無間，甚至陌生了，伴侶不再相互信任，甚至無言以對了。那樣的生活，我們活著又有什麼意義呢？

其實，我們都知道自己有多少人愛著，又愛著多少人。既然我們都不是遁入空門的大師，為什麼不坦然地去愛一場呢？不管是陌生人，親人，朋友，只要是你發自內心的愛和善，一定可以溫暖到所有人。

做一個懂得付出的天使，它會讓你擁有的更多。只有你以一個天使的眼光看待這個世界的時候，才會看到田野裡、麥田裡、大海中、馬路上都是愛的陽光，善良的氣息。心就會像天上飛翔的鳥兒一樣，自由自在，高尚志遠。

縱有疾風起

人的一生就是旅人在走一條頗長的道路，這並非一條平坦而筆直的道路，而是一條具有許多許多岔路口的道路。所以，我們會遇到許多選擇的機會，這也是我們改變一生的機會。就好像歷盡千辛萬苦，去尋找寶藏。有的人就是因為選擇對了，找到了寶藏，就可以衣食無憂。有些人事先把自己所帶的東西用完吃光了，卻發現自己根本沒有找到寶藏，選擇了錯誤的岔路口，後悔一生。

有些道路也是不平坦的，但如果不走過坎坷的道路，我們就再也踏不上人生的道路，永遠停滯不前了。有些人一輩子喜歡走平坦的道路，覺得無風險多好！實際上，他並不知道自己腳下的路已經越來越窄，走進了一個死巷。無論他再怎麼掙扎，再怎麼努力也於事無補。

有些人看似顛沛流離，可是他的道路越走越寬，越走越遠，終於找到了一片自由而富裕的地方，幸福的度過往後的日子。

所以，今日的狂風暴雨說明不了誰是失敗者，誰是成功者。人生路上，縱有疾風起，也要更加勇敢地面對，因為你的前方一定不是死巷！

人的一生就好像是一副自我塗鴉的畫紙，因為由自己著色和描繪線條，所以很多人從一開始就疏忽了。他們總以為可以

第八章：
不必問合不合邏輯

操縱自己的畫紙，卻並不知道這些已經畫過的痕跡就不能再改變了。你畫成了草就是一株草，你畫成花就是一束花，你畫成天空就是遼闊的天空。

可是，有些人天生就有畫畫的才能，因為畫紙和畫筆的品質都比別人的好，所以他的畫看起來要高級很多。看過他的畫的人都心生嫉妒，很快就厭惡了自己的畫。但其實，畫有許多種風格，當你羨慕別人的時候，別人正好也在羨慕你。

就算你偶爾一不留神把畫畫得有些不完美，但這些都不要緊，因為正是這樣的機會才允許你有創新的嘗試啊。否則所有的畫千篇一律就沒必要再畫了。人生畫紙上，縱有不滿意的塗鴉，也要珍惜往後的機會，因為說不定這幅作品就是上帝要的那幅畫！

人們說人生就像是流水，偶爾緩緩流淌，偶爾奔騰咆哮。有人說人生就像一座山巒，有些地方平坦，有些地方跌宕。我們可以把人生比作很多很多的事物，但最終要的是我們要從內心明白，一個真正懂得人生的人，不在乎短暫的災難。畢竟，「禍兮福所倚，福兮禍之所伏」。

沒有誰可以一直勝利，也沒有誰永遠處在低谷。只要擺正自己心態，一切困難都可以迎刃而解。

追求「弱」的人

有一種人，他願意放棄所有，重新從高高的職位撤下來，變成一個市井小民，穿著不講究，飲食不講究，卻永遠快樂。

他們是追求「弱」的人。也許，他們曾經家財萬貫，曾經名譽全球，但他們不想要那樣的生活了。也許，你的身邊會有一位整天笑嘻嘻的老人，不拘小節，和大家打得火熱，卻從來不說自己過去擁有過怎樣的生活，那麼他曾經一定得到了什麼。

當嬰兒剛出生到這個世界的時候，他是哭著的，雙手緊握的。因為他來的時候，什麼都沒有帶來，什麼事物都需要別人給予他。所以他懂得珍惜，想要抓住所有得到的一切。當老人去世的時候，他是平靜的，雙手攤開的。因為他來到這個世界上，什麼都經歷過了，什麼都擁有過了，是時候放開手離開了。

我們都會經歷一個從無到有，再從有到無的過程。就好像我們的出生，生活，死亡一樣，永遠這麼輪迴。有些人得到了，看透了，放手了，他便贏得了去世之前的那段快樂日子。

有些人苦苦追求了一輩子還覺得自己得到的不夠多，貪心太大，最後在去世之前還一直覺得不滿足，悔恨終生。

其實，並不是別人安排了自己的人生，並不是上帝不想讓你過上好日子，而是自己不知足，不懂得捨得，不懂得珍惜。

追求「強」是一種境界，追求「弱」是比追求「強」更高的境界。所以，千萬不要小看每一個穿著樸素、面帶微笑的

人，他可能曾經比某位名人還優秀，即便他曾經不如某些名人，但現在一定比那些名人的境界高了。

我們都希望自己是那個擁有大智慧的人物，卻不知道我們從無到有，從有到無需要多少個年月，所以許多人們總是埋怨上帝不給自己機會，很多人覺得自己永遠一事無成。

許多花朵都不是在同一個季節開放，所以才能夠讓世界更加美麗。而我們只是小小的花朵，又怎麼企圖和那些已經盛開過的果實相比呢？

那些果實不絢麗，並不是他們變得「弱」了，而是他們早已絢麗過了。

順應天意

有些事情，不是我們能掌控的，但我們卻總是不自覺地去惦記它。我們總是希望改變別人不同於自己習慣的行為，希望改變別人的思想和認知，希望得到別人對自己的認可。可是沒有誰可以改變誰，也沒有誰可以動搖什麼，只有自己改變自己。

其實，世界上並沒有什麼煩心事，只是我們總把一些原本很簡單的事情想得非常複雜，以致於根本解決不了，還非要抱怨這個世界如此不堪入目。這就是：「世上本無事，庸人自擾之。」

我曾經看到過這樣一個小故事：美國華盛頓廣場的一座宏偉建築最近遭遇了前所未有的難題。這座宏偉建築便是傑佛遜紀念館大廈，由於大廈久經風霜的摧殘，年久失修，大廈表面的外貌已經變了樣，成了陳跡斑斑的破舊大廈。

政府部門有人提議，說這座大廈是為了紀念傑佛遜的，不應該弄得這樣陳舊沒有莊嚴的氣勢。於是，政府特派專家進行調查大廈變樣的原因是什麼。

專家回來表示，調查結果非常複雜。剛開始的時候，以為是多年的酸雨侵蝕了建築物，但是後來發現酸雨並不能造成這麼大的危害，一定另有原因。經過最後的認定，才發現，這裡變樣的真正原因竟然是保潔人員每天對它的清理。

沖洗牆壁所使用的清潔劑對建築物有著強烈的腐蝕作用，

而這座大廈每天都被沖洗許多次，所以腐蝕得非常嚴重，導致它變了模樣。

可是，保潔人員為什麼每天都要沖洗這座大廈呢？因為大廈的牆壁上總是存在大量的鳥糞，弄得非常髒。為什麼大廈這裡會存在這麼多鳥糞呢？因為這裡有許多燕子在這裡群居。而燕子為什麼喜歡在這裡聚集呢？原來是因為建築物上面有許多燕子愛吃的蜘蛛。為什麼這裡會有那麼多蜘蛛呢？因為蜘蛛喜歡吃飛蟲，而這裡的飛蟲特別多。為什麼這裡飛蟲特別多呢？因為這裡的塵埃非常適合飛蟲繁殖。為什麼這裡的塵埃那麼適合飛蟲繁殖呢？因為這裡的塵埃被陽光照射下，形成了一種特殊的刺激，專門針對飛蟲的繁殖加快。而眾多的飛蟲聚集在這裡，蜘蛛當然就會變多了。蜘蛛多了之後就成了燕子的「餐館」。燕子吃飽了之後，就順便把這裡當成了廁所。

這麼複雜的事情，究竟該如何去解決呢？愚笨的人一定會苦思冥想，希望能想出解決的辦法來。而聰明的人則會把自己的窗簾拉上，從此那個傑佛遜紀念館大廈完好無損！

這不就是給自己增添煩惱嗎？在這個世界上，有太多不合邏輯的事情存在。如果我們對每一件事都刨根究底，都鑽牛角尖，那苦惱的人一定是自己。

有人說，世界之大，無奇不有。既然是這樣，那麼發生怎樣的事情也沒必要驚訝，奇蹟每天都在發生，煩惱每天都在生長，為何要讓那些庸人自擾的煩惱影響我們珍貴的一生美好？

電子書購買

爽讀 APP

國家圖書館出版品預行編目資料

人生轉眼，卻總是明白太晚——愛的邏輯與無理：情感世界的複雜迷宮，探索愛與理智的邊界 / 章含，吳丹 著 . -- 第一版 . -- 臺北市：財經錢線文化事業有限公司 , 2024.03
面；　公分
POD 版
ISBN 978-957-680-760-2(平裝)
1.CST: 人生哲學
191.9　　113000991

人生轉眼，卻總是明白太晚——愛的邏輯與無理：情感世界的複雜迷宮，探索愛與理智的邊界

臉書

作　　　者：章含，吳丹
發 行 人：黃振庭
出 版 者：財經錢線文化事業有限公司
發 行 者：財經錢線文化事業有限公司
E - m a i l：sonbookservice@gmail.com
粉 絲 頁：https://www.facebook.com/sonbookss/
網　　　址：https://sonbook.net/
地　　　址：台北市中正區重慶南路一段六十一號八樓 815 室
Rm. 815, 8F., No.61, Sec. 1, Chongqing S. Rd., Zhongzheng Dist., Taipei City 100, Taiwan
電　　　話：(02) 2370-3310　　傳　　　真：(02) 2388-1990
印　　　刷：京峯數位服務有限公司
律師顧問：廣華律師事務所 張珮琦律師

定　　　價：375 元
發行日期：2024 年 03 月第一版
◎本書以 POD 印製
Design Assets from Freepik.com